国家社会科学基金"美国一流大学智库研究"(BIA160099)成果

美国一流大学智库研究

田山俊　等著

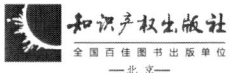

知识产权出版社
全国百佳图书出版单位
—北京—

图书在版编目（CIP）数据

美国一流大学智库研究/田山俊等著. —北京：知识产权出版社，2020. 7

ISBN 978 - 7 - 5130 - 6691 - 4

Ⅰ. ①美… Ⅱ. ①田… Ⅲ. ①高等学校—咨询机构—研究—美国 Ⅳ. ①G644. 6

中国版本图书馆 CIP 数据核字（2020）第 000896 号

内容提要

本书对国际智库领域公认的若干所美国一流大学智库进行分析，重点探讨其发展和建设的共同要素和普遍规律，主要包括其历史沿革、组织结构、管理机制、人员队伍、经费依托、研究特色、影响力实现途径等。本书从整体上建构一流大学智库的发展模型，特别是一流大学智库的培育和成长机制，最后提出对我国高校智库建设的针对性启示。

责任编辑：安耀东　　　　　　　　　　责任印制：孙婷婷

美国一流大学智库研究

MEIGUO YILIU DAXUE ZHIKU YANJIU

田山俊　等著

出版发行：知识产权出版社有限责任公司	网　址：http：//www. ipph. cn
电　话：010 - 82004826	http：//www. laichushu. com
社　址：北京市海淀区气象路 50 号院	邮　编：100081
责编电话：010 - 82000860 转 8534	责编邮箱：anyaodong@ cnipr. com
发行电话：010 - 82000860 转 8101	发行传真：010 - 82000893
印　刷：北京中献拓方科技发展有限公司	经　销：各大网上书店、新华书店及相关专业书店
开　本：720mm×1000mm　1/16	印　张：14. 25
版　次：2020 年 7 月第 1 版	印　次：2020 年 7 月第 1 次印刷
字　数：174 千字	定　价：78. 00 元
ISBN 978 -7 -5130 -6691 -4	

目　录

导　言

一、选题依据和研究意义

智库（Think Tank），亦译为"思想库"或"智囊团"，作为"利用现有知识以跨学科方法进行政策研究的持久性机构"，其职能与影响力已经得到普遍认可，在各国政府决策过程中发挥着重要作用，甚至被誉为"国家智商"和"政府外脑"。在世界各国中，无论从智库的数量、规模来看，还是就智库参与及影响政府决策的程度而言，美国都当之无愧地处于全球翘楚的地位。据2013年统计，在全球共6826家智库中，仅美国就有1828家，约占26.8%；而在全球最顶尖的150家智库排行榜中，美国独占其中的11家，布鲁金斯学会、卡内基国际和平基金会、战略与问题研究中心、外交关系协会、兰德公司等世界知名的顶级智库均位列其中。上述数据从一个侧面反映出美国智库的雄厚实力。

根据智库的机构归属和经费来源，美国的智库大致可划分为官方智库、独立智库和大学智库三种类型。其中大学智库是非常独特的一种类型。它所依托的往往是那些历史悠久、文化积淀深厚的著名研究型院校，拥有强大的、极具专业水平的学术研究团队，长于深层次、远景性和长期性的政策研究。这些特征恰恰是其他两类智库所不具备的。也正是凭借这些优势特征，大学智库得以在美国的政策研究领域发挥了不可替代的职能作用，扮演了重要角色。一些著名的大学智库，如哈佛大学魏海德国际事务中心、贝尔弗科学与国际事务中心（以下简称"贝尔弗中心"）、斯坦福大学胡佛研究所、哥伦比亚大学地球研究所等，不仅在美国，同时也在国际社会拥有巨大的影响力。这样一批一流大学智库群的存在，从一个侧面体现了美国大学的强大学术实力和深远的社会影响力，也是美国国家综合国力特别是"软实力"不断增强的重要支撑因素。

鉴于美国大学智库在国际智库领域的独特地位，很多学者开始将之作为学术研究的重要对象。但总体而言，美国大学智库在国内外学术界仍是一个尚未得到充分发掘的研究领域，学界对美国大学智库的历史源变、功能价值、管理机制、人员梯队、影响力实现途径等专门领域的研究正处于起步阶段。然而，就美国大学（高等教育）而言，大学智库是一个无法忽视和回避的重要课题。这一方面是因为美国大学智库在其形成和变迁历程中与大学母体构建起复杂而又紧密的互动关系，大学母体为大学智库的兴起提供了适宜的土壤，大学智库反过来又对大学母体起到了重要的反哺作用。可以说大学智库为人们全面认识美国大学特别是研究型大学提供了全新的视角。另一方面，大学智库在20世纪以来美国国家和国际政策领域扮演了不容忽视的重要角色。因此，对美国大学智库的专题研究具有明显的理论意义和学术价值。

从现实角度来看，当前我国已将建设"中国特色新型高校智库"列为高等教育改革与发展的重要课题。客观而言，高校智库对我国政府和高校而言都是一个新鲜事物，特别是与欧美等发达国家相比，我国的高校智库在机制建设、职能发挥、资源整合、决策影响力等方面还存在较明显差距。中国特色新型高校智库建设路径的探索，依然任重而道远。在这一过程中，吸收和借鉴包括美国在内的西方国家大学智库发展经验，无疑是可行和必要的。本课题旨在尝试从个案角度，对美国大学智库的产生背景和动因、管理机制的形成与完善、科研队伍的组建与壮大、政策研究的启动与拓展、影响力途径的开辟与扩充等内容进行详细阐述、分析，客观把握美国大学智库的建设路径和发展经验，以期对我国高校智库建设有所启示和借鉴。此亦本课题研究的现实意义所在。

二、文献综述

在美国，大学智库的起源可追溯到 20 世纪初，但直至第二次世界大战（以下简称"二战"）结束以后方得以真正兴起，至于其日渐繁荣并为世人所熟知，则不过晚近三四十年的时间。因此无论是国外还是国内学界，对美国大学智库的研究尚难言全面、系统和深入。至今国内外均未出版以大学智库研究为主题的专门著作。不过，由于智库本身在美国国家决策过程中重要作用日益凸显，国内外有关智库的研究已达到较为深入的程度。大学智库作为现代智库的主要类型之一，在这些研究中多有涉及。此外，大学智库是依托大学母体创立和发展起来的，大学智库研究本身即是大学或高等教育研究的一部分，而国内外有关美国大学特别是研究型大学的研究中，包含了大量相关内容。上述关于美国智库和美国大学的研究成果，为本研究提供了较为充分的史料支撑。

国外学界对智库的系统性研究约始于 20 世纪 70 年代，自 90 年代进入高峰期，其热度一直延续至今。在有关智库的早期研究中，保罗·迪克森1972年出版的《智库》是这一时期的代表作。该书在回溯智库发展历程的基础上，结合个案研究方式，对现代智库的运行机制、职能属性、影响力等进行了较为系统的阐述。20世纪90年代以来，有关美国智库的研究成果大规模涌现。1991年由詹姆斯·史密斯撰著的《思想突破者——智库与新政策精英的崛起》一书分专题介绍了新兴知识精英阶层以智库为平台深刻影响政府决策的相关内容；1992年，詹姆斯·麦克盖恩所撰"从学术理论到意识形态：公共政策研究产业简史"一文分阶段梳理了智库的发展脉络；1996年阿贝尔森出版的《美国智库及其在美国外交政策中的角色》一书从职能角度分析了美国智库的发展历程及其影响力的表现和实现途径。2004年戴安·斯通等人编著的《智库传统——政策研究与政治观念》运用比较研究的方法分析了不同国家智库的职能、类型、管理和特征。2012年出版的托马斯·麦德维茨所撰《美国智库》一书是近年来有关美国智库整体研究的重要成果，该书从历史现实、结构与管理、类型与职能等多重纬度对美国智库进行了较为深入的研究，其中已有较大篇幅涉及大学智库。但总体而言，上述成果多集中于现代智库政策研究职能、管理机制、影响因素、服务途径等领域，以现状分析为主，侧重于阐述智库的功能体现和机制建设，对大学智库自身的特殊性着墨较少。

在我国，随着近年来社会对智库关注度的提高，学界对发达国家智库的研究日益深入，推出了大量专著式成果。在这些成果中，发达国家的大学智库同样是研究的重要焦点，如吴天佑等著《美国重要思想库》、朱峰等著《领导者的外脑——当代西方思想库》、王莉丽著《旋转门——美国思想库研究》、李建军等的《世界各国智库研究》、褚鸣的《美欧智库比较研究》、王佩亨等的《海外智库》等著作，从职能、管理、机制建设等角度对包括美国在内的西方主要发达国家的各类型智库做了较为深入和全面的介绍，但同样具有侧重现状分析、注重宏观把握、缺乏对大学智库的类型研究等特点。另外，冯绍雷的《智库——国外高校国际研究院比较研究》一书是国内学界有关国外大学智库专题研究成果的代表作，但该书主要探讨的是大学智库的特定类型（国际研究院），未能涉及大学智库的其他类型。

鉴于美国大学智库大多孕育于那些有着巨大学术声望的美国研究型大学，因此，在有关美国研究型大学的众多研究成果中，对大学智库多有涉及。如罗杰·盖格撰写的《增进知识——美国研究型大学的发展（1900—1940）》和《研究与相关知识——第二次世界大战以来的美国研究型大学》两部专著，在涉及研究型大学的科学研究、社会服务、师资队伍等领域的研究中，融入了大量有关大学智库的内容，提供了众多大学智库的案例资料。此外，休·格拉汉姆等的《美国研究型大学的兴起》、达雷尔·刘易斯等的《美国公立研究型大学——为新时代公共利益服务》等有关美国研究型大学的经典著作也对大学智库多有涉及。

更为多样的有关美国大学智库的典型案例研究集中在各研究型大学的校本研究中。如莫顿·凯勒等的《哈佛走向现代——美国大学的崛起》对哈佛大学俄国研究中心、费正清东亚研究中心、贝尔弗中心等著名智库进行了写实性描述，提供了大量一手资料。丽贝卡·洛温著《创建冷战大学——斯坦福大学的转型》一书在论及战后斯坦福大学社会科学研究与服务转型等内容时，也涉及该校众多智库的基本情况。此外，有关哥伦比亚大学、耶鲁大学、加州大学、麻省理工学院等汇聚了众多一流大学智库的美国大学的校史类研究成果中，也不乏对各大学智库基本情况的介绍。

国内学界对美国研究型大学的研究成果，也从不同侧面和角度对部分知名大学智库有所涉及。如沈红的《美国研究型大学形成与发展》在述及研究型大学科研和社会服务职能变迁等内容时，对大学特定研究机构（这些研究机构很多均可划为智库）做了一定介绍。再如耿益群的《美国研究型大学学术职业的制度环境研究》、徐迈进的《美国研究型大学研究——办学功能与要素分析》、谷贤林的《美国研究型大学管理》、郄海霞的《美国研究型大学与城市互动机制研究》等也都从各自研究视角提供了有关大学智库的相关背景资料。此外，由于大学智库在本质上属于大学社会服务职能拓展和深化的产物，因此学界有关美国大学社会服务职能的众多研究成果也从理论和现实等角度提供了认识大学智库的新思路。此外，国内学界关于美国大学的个案和专题研究中，对相关大学内的典型研究所（中心）的介绍、阐述同样为本课题的开展提供了有价值的参考。

三、研究内容

本书在把握美国大学智库宏观走向的基础上，遴选若干所国际智库领域公认的一流大学智库进行案例分析；同时结合案例研究，重点探讨美国大学智库发展和建设的共同要素与普遍规律，主要包括美国大学智库的历史沿革、组织结构、管理机制、人员队伍、经费依托、研究特色、影响力实现途径等，厘清一流大学智库的构成基因，探讨大学智库的成长路径、与大学母体的内在关系等内容，从整体上建构一流大学智库的发展模型，特别是一流大学智库的培育和成长机制；最后提出对我国高校智库建设的针对性启示。

在对智库进行案例研究的基础上，本书计划从大学智库的成长要素和机制保障角度，重点对美国大学智库职能定位、组织管理、研究特色、影响力以及大学智库与大学母体的互动关系等内容进行专题研究，尝试概括出美国大学智库的一般发展规律。

四、研究思路

本书以"美国一流大学智库研究"为主题，基本研究思路拟设定如下。

（1）美国一流大学智库的产生背景、发展轨迹和基本特征。重点从宏观层面把握美国大学智库产生和兴起的外部背景和内在动因，梳理美国大学智库的整体发展脉络；从学理角度探讨作为大学拓展与延伸社会服务职能产物的大学智库与大学母体的内在关系；通过对大学智库与官方智库和民间智库的比较研究，分析大学智库的功能指向与价值依托，概括大学智库的内在特征。

（2）大学智库专题研究。运用个案研究、历史研究、比较研究等方法，重点分析美国大学智库组织结构、管理机制、人员队伍、经费依托、研究特色、影响力实现途径等，同时注重从外部角度分析智库与所在大学、政府的制度性联系。

（3）美国一流大学智库的成长路径、组成要素与现实启示。在个案研究的基础上，从整体上抽离出美国一流大学智库的共性特征，探讨一流大学智库的培育和成长机制，总结大学智库的发展与建设经验。在此基础上，通过对我国高校智库发展现状的分析，提出针对性的启示与借鉴。

五、研究方法

本书采用的主要研究方法包括：

（1）历史研究法。从宏观和微观两个层面，分别梳理美国大学智库的整体演进脉络和个体发展轨迹，从历史中把握美国大学智库的基本走向，总结一流大学智库的发展经验。

（2）个案研究法。这是本书的核心研究方法。通过遴选有代表性的大学智库，进行专题性的个案分析，重点突出各大学智库的研究个性与功能特色。

（3）比较研究法。从外部对大学智库与官方智库和民间智库进行比较，把握大学智库的群体特殊性；从内部对不同大学智库进行比较，分析各大学智库的个性经验。

美国大学智库的历史变迁

按照通常的标准，在现代智库史上，大学智库是一个后来者，其历史较官方智库和独立智库要晚至少约半个世纪。然而，尽管是一个后来者，但是凭借大学母体提供的得天独厚的学术、智力和机构优势，大学智库的发展速度丝毫不弱于其他类型智库，建设水平特别是智库在公共决策领域的影响力日益提高，很快就发展成为与官方智库和独立智库并驾齐驱的主要智库类型，直至今日仍保持着强大的政策辐射能力，在各国公共政策制定过程中体现出极强的存在感。

之所以选择美国大学智库作为主要参照物，是因为美国是业界公认的智库大国和智库强国。2018 年发布的《2017 年度全球智库报告》显示，美国拥有 1872 家智库，居世界第一，智库数量甚至超过其后 2~7 名国家智库数量的总和（共 1817 家）。在"全球最佳智库"排行榜上，前 10 名最佳智库中就有 5 家来自美国。具体到大学智库领域，美国也占据了绝对优势地位。在"最佳大学附属智库"排行榜里，前 10 名最佳大学附属智库中美国独占 5 家；在全部 90 家入围大学智库中，有 27 家来自美国。如果从这一组数据来看，可以说，美国在某种程度上代表了当今大学智库的最高水平。另外，作为高等教育的"超级大国"，美国汇聚了全球数量最多的著名研究型大学，这些大学也是孕育一流大学智库的重要母体。还需要指出的一点是，美国独特的政治生态环境也为大学智库的发展提供了较为特定的空间，如国际智库领域普遍存在的人员"旋转门"现象在美国表现得尤为突出，这与美国的政治环境密不可分。综合而言，在大学智库领域，美国是一个极具代表性的研究对象。

从影响美国大学智库发展的主要因素的变化，以及由此导致的大学智库的变化，并综合现代智库的整体发展脉络，本书将其演进历程划分为二战后到 20 世纪 60 年代的初步兴起、20 世纪 70—90 年代的全面繁荣、21 世纪以来的多样化发展三个历史阶段。

第一节　二战后到 20 世纪 60 年代 美国大学智库的初步兴起

以二战结束后美国哈佛大学俄国研究中心的创办为标志，大学智库作为一种新式的现代智库类型开始出现在历史舞台上。自此时起到 20 世纪 60 年代，受同一时期西方国家所面临的政治、经济等方面挑战的影响，大学智库重点在外交与国际关系、国别和区域研究、经济政策研究等领域取得较大进展。但这一时期美国大学智库在组织机构、治理方式、专注领域、人员流转等方面仍处于探索阶段，成熟程度有待进一步提高。

一、美国大学智库初步兴起的背景

二战后，美国出现了最早的一批大学智库。这批智库的出现和早期发展，既受到战后冷战格局的特定政治需要的影响，同时也与大学内部社会服务职能的深化、拓展密切相关。此外，社会力量对公共政策研究的关注特别是经费支持也为大学智库的发展提供了重要助力。本书以美国大学智库为对象，从上述几方面重点分析二战后美国大学智库兴起的历史背景和内在动因，以此折射美国大学智库在这一阶段的兴起历程。

二战后美国大学智库的兴起有其特定的历史背景和内在动因，主要表现在以下三个方面。

首先，二战结束以后冷战格局的形成为大学智库的发展提供了适宜的土壤。冷战成为美国对外政策的重要拐点。随着美国全球战略的实施，自此以后，"不论什么地方，不论直接或间接的侵略威胁了和平，都与美国的安全有关"（杜鲁门语）。这就意味着美国要比以往更加全面、深入而且更有针对性地了解外部世界，特别是了解那些站在其对立面的国家和地区。如哈佛大学组建俄国研究中心的重要目的就是为了满足"国家认识冷战对手的紧迫需要"[1]。而按照为其提供初始经费的卡内基基金会的说法，该中心的研究应"为那些必须与苏联人进行日常谈判的官员提供专业知识的援助"[2]，这也进一步明确了此类机构的政策服务价值。实际上，冷战时期美国大学智库主要的研究活动大都集中在对外政策以及与特定国家有关的领域，这也在一定程度上反映了冷战的特殊历史背景对大学智库的影响。

其次，从大学内部来看，二战后大学智库的繁荣也是大学服务

---

❶ Davis Center for Russian and Eurasian Studies. History［EB/OL］.（2014 - 04 - 17）［2019 - 05 - 08］. http：//daviscenter. fas. harvard. edu/about - us/history.

❷ 盖格. 研究与相关知识——第二次世界大战以来的美国研究型大学［M］. 张斌贤，孙益，王国新，译. 保定：河北大学出版社，2008：55.

职能向人文社会领域不断拓展的结果。19 世纪中后期，美国大学将社会服务确立为自身的三大职能之一，当时的服务职能主要体现于那些和工农业生产密切相关的学科领域。19 世纪末至 20 世纪初，一些大学对社会现实问题关注和研究程度逐步加深，如 1892 年创办的芝加哥大学社会学系"从实用主义出发，促使社会学研究进入城市问题、种族关系、集体行为模式等实际领域"。在它的示范作用下，美国很多大学陆续"建立社会学系，由工业化、城市化和移民所导致的一系列实际问题是这些高校社会学教学与研究的焦点所在"❶。尽管这并不意味着大学的人文社会学科开始出现服务社会的自觉，但却为大学服务职能向人文社会科学领域的拓展提供了实践准备。二战期间，来自政府特别是军方的科研合同加速了美国研究型大学理工学科的发展，这种订单式研究模式对战后美国大学人文社会学科的研究活动产生了重要影响。大学管理者和人文社会领域的研究者发现，借助大学的学术优势，他们同样可以吸收到大量研究经费，进而为社会特别是政府决策机构提供专业、有效且直接的服务。作为"社会所呼唤的专家建议的宝贵资源"，美国的大学"比以往更愿意把他们的专家知识输出给外部的团体"❷。受这种理念的影响，大学中的人文社会科学研究不再仅仅是基于研究者学术兴趣的纯粹性学理活动，而开始向具有强烈的现实价值和入世色彩的政策服务领域拓展，这一趋势成为加速战后美国大学智库蓬勃发展的重要动因。

最后，来自卡内基、福特、洛克菲勒等私人基金会的经费资助，

---

❶ RUEGG W. A history of the university in Europe：volume IV（universities since 1945）[M]. Cambridge：Cambridge University Press，2011：375 – 376.

❷ 盖格. 研究与相关知识——第二次世界大战以来的美国研究型大学 [M]. 张斌贤，孙益，王国新，译. 保定：河北大学出版社，2008：369.

为战后美国大学智库的快速发展提供了直接支撑。值得注意的是，尽管大学智库的首要职能是为政府决策提供学术服务，但在战后初期，美国政府并没有成为支持大学智库发展的经费来源主体。这在很大程度上与主导美国战后科研资助政策的万尼瓦尔·布什（Vannevar Bush）的观念有关。"布什认为社会科学不具有充分的科学性，他最关心的是，社会科学不像硬科学，没有可靠的客观性或价值无涉。因而不可能保证来自政治实体的政府资金对其所资助的社会科学研究的内容和结论不产生影响。"❶ 不过，布什并不是要否定社会科学的价值，他担心的是，来自政府的经费资助会影响到社会科学研究的中立立场和客观性。在这种情况下，与政府资助相比，来自私人基金会的经费支持就有着明显的优势。受此影响，私人基金会便在战后美国大学智库的发展过程中承担起了关键的角色职能。据统计，卡内基、福特和洛克菲勒三大基金会对美国主要大学社会科学研究的经费资助从 1946—1949 年的 450 万美元增加到 1955—1958 年的 4360 万美元。❷ 这些私人基金会与众多赫赫有名的大学智库的产生与发展有着密切的关系。可以说，私人基金会的经费资助为大学智库在战后的腾飞提供了最为直接和有效的支持。此外，这种经费来源也在很大程度上使大学智库具有了相对于政府的独立性，为大学智库的政策研究打上了相对中立的色彩。

二、初步兴起阶段美国大学智库的发展状况

作为一种新生的智库类型，大学智库在二战后到 20 世纪 60 年

---

❶　洛温. 创建冷战大学——斯坦福大学的转型［M］. 叶赋桂，罗燕，译. 北京：清华大学出版社，2007：242.

❷　盖格. 研究与相关知识——第二次世界大战以来的美国研究型大学［M］. 张斌贤，孙益，王国新，译. 保定：河北大学出版社，2008：15.

代的 20 余年里经历了涉足智库领域、开发智库职能、探索履职路径的发展尝试，在寻求大学与智库的有机结合方面取得了较为显著的成效。

如前所述，战后初期，受特定国际格局和国家战略的需要，发达国家的一批大学都开始承担起发挥自身学术优势、开展公共政策研究尤其是与国际关系和区域问题相关的政策研究职能。很显然，仅靠大学原有的组织体制是无法很好地适应这种综合性、跨学科政策研究之需的，因此涉足此领域的大学开始探索在大学体制框架内设立新的研究机构。这也是大学智库得以产生的重要原因。在这些新型机构及大学智库的组建过程中和组建之后初期，采用什么样的治理机制成为新生的大学智库面临的另一课题。在这些方面，发达国家大学智库进行了一系列探索。以下以美国大学智库在这一时期的发展情况为例加以说明。

美国大学在现代大学智库领域扮演了"先行军"的角色，二战后初期即在众多研究型大学中诞生出最早的一批大学智库。从历史上看，这一时期美国的大学智库还处于初步探索阶段，其作为智库的职能性质虽已明确，但这种职能具体包括哪些内容、如何更好地履行这些职能、为履行智库职能需要怎样的智库组织和治理机制等，都是美国大学智库在这一时期的发展实践中逐渐解决的现实问题。对这些问题的探索也构成这一时期美国大学智库的发展主线。

作为最早出现的大学智库之一，创办于 1948 年的哈佛大学俄国研究中心，在创立后到 20 世纪 60 年代走过了一段曲折但却不平凡的历程。俄国研究中心是在卡内基基金会的倡导和资助下成立的，它具有了现代大学智库的几乎所有的标志性特征。资助中心创办的卡内基基金会对俄国研究中心的工作任务有明确的认识："研究苏联大学和苏联行为以便努力去确定苏联的国际行为和政策的主要动力。"❶ 俄国研究中心的最早成员来自哈佛大学的社会学系、政治学系、历史系、经济学系、法律系和斯拉夫语言系。这些成员具有双重身份，在各系，他们继续承担教学职责；在中心，他们则是专门的研究人员。"中心的主要目标是增强对苏联的理性理解……为那些必须与苏联人进行日常谈判的官员提供专业知识的援助。"❷ 中心成立之后，随即承担了由美国空军人力资源研究中心委托的难民访谈项目，这个项目为中心带来了45万美元的研究经费。接受政府委托和资助，为政府提供决策所需的学术支持，俄国研究中心开展的这种活动使其成为当之无愧的大学智库。而且，俄国研究中心开展的"战后调查研究与大学的结合提供了研究所动力学的良好范例。主要的研究单位都有超出学术的起源，并在某种程度上是新的联邦利益的成果"❸。1952年，哈佛大学委托专门的委员会对俄国研究中心成立5年来的工作进行了评估。评估结果显示，尽管中心的工作存在这样或那样的问题，但确定无疑的是，俄国研究中心这种机构确实是"一个适合哈佛大学的事业"，"来自不同领域的众多学者聚集在一起，研究一个地域，只有在一所规模巨大的大学里才能实现"。从哈佛大学的角度来看，虽然区域研究中心的体制和实际运转还远谈不上完美，但"仍然会成为20世纪末哈佛大学更为重要的一部分。这些中心对已经创立的院系和学科的重要影响将会不断展现出来"❶。在此之后的20世纪五六十年代，俄国研究中心在外部资助特

---

❶　盖格. 研究与相关知识——第二次世界大战以来的美国研究型大学［M］. 张斌贤，孙益，王国新，译. 保定：河北大学出版社，2008：55.

❷　同❶.

❸　同❶57.

❶　凯勒 M，凯勒 K. 哈佛走向现代：美国大学的崛起［M］. 史静寰，钟周，赵琳，译. 北京：清华大学出版社，2007：135－136.

别是政府资助大幅提高的背景下得到了"令人惊叹的发展",其中一个重要的变化是中心与苏联之间的学术交流也开始启动并日渐频繁,这为中心加深对苏联的认识和了解进而提升其学术水平和政策研究能力提供了助力。❶

俄国研究中心在这一时期的发展经历在很大程度上反映了同期大学智库的发展状况。作为新生事物,这一时期大学智库在运行方式和机制领域仍处于探索之中,不同利益方对大学智库的职能基于各自考虑也有不同的认识。例如,作为智库母体的大学,在很大程度上将大学智库视为一种新的科研组织形式。时任哈佛大学校长的内森·普西(Nathan Pussy)将俄国研究中心这种以"中心"命名的机构描述成"围绕共同的兴趣,用于从不同学科和学系聚集学者的管理策略。中心是推动符合领域研究的跨学科攻关的手段"。也就是说,大学对这种中心式的新式机构的定位仍是学术性或研究性的,更加强调知识的探索,并且认为探索新知识"就是从现在日益从事那些超越了早先划定了研究边界领域(即学科)的传统界限的领域的研究……本质上各种中心引导被资助的学术研究是为了未来的目的"。但是,中心的主要资助者卡内基基金会却"意在将更大的学术注意集中在苏联方面。鉴于苏联在战后世界格局中的重要性,研究中心详细论述迫切需要更多更好的有关苏联的信息。卡内基基金会特别有兴趣使哈佛承担这样的任务,因为哈佛的卓越地位将给予这个领域以合法性"❷。这样一来,中心的工作目标就被划分为两个方面:"中心的主要目标是增强对苏联的理性理解……中心还有对多学

---

❶ Davis Center for Russian and Eurasian Studies. History [EB/OL]. (2019 – 01 – 16) [2019 – 05 – 08]. https://daviscenter. fas. harvard. edu/about – us/history.

❷ 盖格. 研究与相关知识——第二次世界大战以来的美国研究型大学 [M]. 张斌贤, 孙益, 王国新, 译. 保定: 河北大学出版社, 2008: 54.

科的持久任务——通过沟通学科边界提供新的阐释和新的方法论。这样的任务沿着两个独立的轴产生了张力：在学术知识和未来目的之间，在多科性和部门联系之间。"而且，"这些张力并不是俄国研究中心所独有的，毋宁说它们是具有超出教学目的的跨部门单位所固有的。在俄国研究中心这些张力发展的方式象征了各种中心似乎追随的一般进化过程。"❶

　　作为以政策研究为主要职能的机构，大学智库和其他智库同样面临着如何处理智库研究活动与外部特定需求、智库成员的政治倾向和学术研究所要求的客观性等一系列双向关系问题。在大学智库产生初期，很多大学智库基于学术角度的考虑，尤其强调智库研究的中立性，如俄国研究中心就曾明确表示"不参加定向研究，不雇佣适合指定研究的专业职员，同时强调严格坚持'公认学科的学术成就标准'"❷。这实际上反映出中心在寻求和保持自身独立性、避免在受资助研究项目的开展和成果产出上出现不适宜的"强功利色彩"方面的立场，因为学者们往往"关注保留研究选择的自由，避免必须'选择'迅速和确定的'实验'"。但实际上，这些学者也认识到，"一个人接受外部研究资助意味着'特定类型的研究输出，指定的具体可见的成果'"❸。

　　除了研究的导向性以外，这一时期大学智库对如何把握成员的政治倾向和政治行为与其学者身份的关系，也处于探索阶段。俄国研究中心就发生了这样一起案例。中心的主任助理、历史系兼职助教休斯（H. Stuart Hughes）在1948年的美国总统大选中，积极支持

　　❶　盖格. 研究与相关知识——第二次世界大战以来的美国研究型大学［M］. 张斌贤、孙益、王国新，译. 保定：河北大学出版社，2008：55.

　　❷　同❶.

　　❸　同❶54.

候选人亨利·A. 华莱士（Henry A. Wallace）。在一般情况下，作为学者公开表明对某一位候选人的支持或反对立场是非常常见的，并不会引起所在院校的关注。但很棘手的问题是，华莱士，这位罗斯福政府时期的副总统在1946年脱离民主党，组建了左翼政党进步党，他在1948年竞选中提出了与苏联开展更紧密合作的政见。显而易见的是，作为俄国研究中心主任助理的休斯，在大选中选择支持对苏联表示友好的候选人华莱士，这两点的结合很快引起了中心以及中心的资助者卡内基基金会的关注，尤其是后者对此"局促不安"。时任哈佛大学教务长的保罗·巴克（Paul Buck）为此曾建议休斯"先做自己历史研究，创建一个好的学术声誉，然后再投入政治活动"，但显然休斯没有接受这一建议。最终卡内基基金会收回了原计划供休斯成为历史系全职助教的经费，休斯后来也离开了俄国研究中心。❶

经过最初十余年摸索后，自20世纪50年代末起，美国大学智库的发展开始加速。这在很大程度上受到国际格局变化的影响。1957年10月，苏联成功地将第一颗人造地球卫星送上太空。这一事件震惊美国朝野，政府和民众都感到了强烈的危机意识，呼吁要全面检讨对外政策，以确保美国在国际竞争特别是对苏竞争中的优势地位。1958年，美国参议院外交委员会根据美国第85届国会参议院第336号决议，决定"对美国的外交政策进行以此充分而全面的研究"。参议院授权该委员会在指导这项研究时"得利用私人组织、学校、研究所以及个人的经验、知识以及建议……"，同时"得为达到此目的而签订合同"。外交委员会据此于1958年10月拟定了15个

---

❶ 凯勒 M，凯勒 K. 哈佛走向现代：美国大学的崛起［M］. 史静寰，钟周，赵琳，译. 北京：清华大学出版社，2007：135.

研究课题，并由参议院拨款，委托相关机构进行研究并提出报告。在这 15 个题目中，由大学智库承担的课题有：①由锡拉丘兹大学（Syracuse University）马克斯威尔公民与公共事务学院承担的美国外交政策执行；②由哈佛大学国际事务研究中心承担的意识形态领域的冲突及其变化，冲突的表现及其目前与将来可能对美国外交政策发生的影响；③由麻省理工学院国际研究中心承担的比较不发达和不承担义务国家的经济和社会情况，及其对美国外交政策的意义；④由约翰斯·霍普金斯大学华盛顿对外政策研究中心承担的军事技术发展及其对美国战略和外交政策的影响；⑤由宾夕法尼亚大学外交政策研究所承担的美国对西欧的外交政策；⑥由哥伦比亚大学俄国研究所承担的美国对苏联和东欧的外交政策；⑦由西北大学非洲研究处承担的美国对非洲的外交政策。❶ 在 15 个课题中，委托给大学机构承担的有 7 项，约占一半左右，"可见，在（20 世纪）50 年代末 60 年代初，置身大学之内的智库占有举足轻重的地位。其后，大大小小的新型智库又不断建立，但大学作为最稳定的一种组织，其相关研究机构……依然是极重要的一支'方面军'"❷。

　　1958 年美国参议院外事委员会的研究资助计划对这一时期及此后大学智库的发展起到了重要的示范和推动作用。在此之前，大学智库的主要资助者是基金会，从这时起，政府也开始加入资助大学智库的行列中来，从而进一步强化了这些机构的智库属性和智库职能。

　　哈佛大学国际事务研究中心就是这一时期兴起的一个著名的大学智库，推动该中心成立和发展的一系列内外部因素实际上在很大

---

❶　任晓. 第五种权力：论智库［M］. 北京：北京大学出版社，2016：53 - 54.
❷　同❶54.

程度上也代表了影响这一时期发达国家大学智库发展的主要因素。国际事务中心的成立酝酿于 20 世纪 50 年代。从大学内部因素来看，20 世纪 50 年代，哈佛大学对加强跨学科研究和国际关系及相关领域研究的需求日益旺盛，哈佛大学文理学院在 1954 年、1956 年和 1958 年先后形成了 3 份与此相关的内部报告。时任文理学院院长的麦克乔治·邦迪（McGeorge Bundy）为此做了大量的工作。从外部因素来看，来自福特基金会的推动、冷战格局对美国国际关系与外交政策需求的提高、国际上去殖民化趋势和新兴国家的出现、政府与学术机构关系的日益密切、学术界对艾森豪威尔政府外交政策的不满等，也对大学组建新的、更为专业的国际关系和外交事务政策研究机构产生了重要的驱动作用。❶ 在内外一系列因素的影响下，1958 年，哈佛大学国际事务研究中心正式成立，首任中心主任罗伯特·鲍伊（Robert R. Bowie）早年毕业于哈佛大学法学院，1958 年接受邦迪院长聘请，先后任哈佛大学法学院教授和美国国务院政策规划部门主管，具有政、学两个领域的丰富经历。首任中心副主任是后来广为人知的亨利·A. 基辛格（Henry A. Kissinger）。在鲍伊和基辛格的领导下，中心的治理架构逐渐完善（陆续组建了顾问委员会和行政委员会等），研究领域得以明确（确立了 5 个政策研究领域，包括欧洲关系、经济与政治发展、军备控制、国际组织、远东），还从校内外聘请相关领域的学者组成了最初的学术团队。这支团队的阵容堪称"豪华"，其中包括爱德华·梅森（Edward Mason）、托马斯·谢林（Thomas Schelling）、雷蒙德·弗农（Raymond Vernon）、布热津斯基（Zbigniew Brzezinski）、萨缪尔·P. 亨廷顿

---

❶ WIARDA H J. Harvard and the Weatherhead Center for International Affairs ［M］. Lanham：Rowman & Littlefield Publishers, Inc, 2010：32 – 33.

（Samuel P. Huntington）、约瑟夫·奈（Joseph Nye）等。鲍伊和基辛格对中心的设立目标、职能、研究领域的明确，以及高水平学术队伍的组建，使得国际事务研究中心在 20 世纪 60 年代就大放异彩，推出了一系列重量级的学术和政策研究成果，并在此后始终走在了发达国家大学智库的发展前列。

从二战结束到 20 世纪 60 年代，大学智库在美国的智库领域已经占据了重要地位并且取得了引人注目的成就。尽管在发展过程中，大学智库还面临着这样或那样的困难与挑战，智库的机构完善程度仍有待提高，智库的职能和大学职能的关系也有待进一步捋顺，但其发展的迅猛势头已展露无遗。

第二节　20 世纪七八十年代美国大学智库的繁荣

进入 20 世纪 70 年代，随着国际局势和各国内政外交方面出现的深刻变化，智库群体在美国决策过程中的作用日益凸显，政府和社会对智库的依赖程度进一步加深，现代智库由此在美国经历了 20 年左右的快速繁荣阶段，有学者将这一时期美国智库的发展特征界定为"爆炸式"❶。具体到大学智库，经过战后 20 余年的探索，美国的大学智库逐渐确立了自身在智库领域的地位，影响力也日益得到政府和社会各界的重视。在此基础上，在 20 世纪七八十年代，美国大学智库也进入快速繁荣的发展阶段，众多智库性机构在大学里纷纷涌现，智库职能更加明确，运行和治理方式更趋完善，智库成

---

❶ 王莉丽. 旋转门——美国思想库研究［M］. 北京：国家行政学院出版社，2010：46.

果也更加具有竞争力。

一、20世纪七八十年代美国大学智库的发展背景

20世纪七八十年代，冷战持续蔓延，国际局势变化万千，美国也在内政外交领域出现了一些新的挑战和机遇。同时，这一时期也是各国高等教育的重要转折期。高等教育的人才培养、科学研究和社会服务职能均处于深刻的变革进程中。

20世纪七八十年代是美国政治、经济、文化的重要转折期，尽管总体上发展较为平稳，但也面临着巨大的内外部压力。从国际格局来看，一方面，美苏两大阵营之间的对抗形势出现了转折式变化。20世纪70年代，美苏两国的对抗格局有所缓和，两国高级首脑在这一时期进行了多次会晤，签署了100余项条约、协定。当然，这是美国政府为应对其他领域的挑战而选择的"收缩"性决策。而苏联则在20世纪70年代采取了"扩张"策略。这种情况在20世纪80年代出现了急剧变化。随着里根主义的提出和实施，两国对抗情况再度加剧。在激烈对抗的情况下，苏联在20世纪80年代开始持续衰落，经济情况每况愈下，甚至跌入谷底。这一过程中两国关系反而从紧张再度走向缓和，1989年美苏两国领导人"马耳他会晤"的举行标志着两国关系进入全面和解的新时期，冷战终结的曙光已经到来。美国政府的对外政策特别是对苏政策在这20年间不断地调整变化，无疑也更为倚重包括智库在内的各方的智力支持。另一方面，在应对苏联的同时，美国的对华政策在这一阶段也出现了较大调整。以1972年尼克松访华为标志，中美两国关系迅速缓和，各领域的合作交流开始变得频繁起来。在这一过程中，美国对华政策的酝酿、制定、调整、实施等也需要来自智库的支持。除了这两大关系外，

美国在这一时期还必须应对西方国家阵营内部特别是日本、欧洲经济和社会发展快速崛起的挑战。

从国内形势看，20世纪70年代的美元危机、粮食危机尤其是能源危机等，触发了美国经济长期高速发展过程中被掩盖的不利因素，造成美国经济在70年代进入一段延续时间相对较长的"滞涨"时期。国内需求下降，生产制造业优势被德国、日本赶超，民众对政府政策的不满情绪升温。在政治领域，"由于两大政党选举中状况频出，而导致美国民众对国家的政治热情低落。两大政党为了谋求竞选中的胜利，同时处理好纷繁复杂的国际、国内问题，都非常希望有专业的政策研究组织来为之排忧解难，使得政党可以借助这些智库组织来美化自我形象，同时促进政党与民众的良好沟通，引导舆论，争取民心"[1]。这一系列因素对智库发展来说起到了重要的推动作用，造成了20世纪70年代后智库的迅速繁盛，而且为以政策倡导型为代表的智库群体的发展提供了重要契机。有学者曾评论说："20世纪70年代早期政策倡导型思想库（即智库）的增长，不仅为政策专业知识的政治化做出了贡献，而且改变了智囊机构和政府之间的关系。当更多的智囊机构开始参与决策圈的时候，它们为增加可见度所采取的战略发生了戏剧性的变化。现在智囊机构在政治舞台中不得不进行思想竞争的环境里，它们优先考虑的事情开始发生变化。为决策者提供及时的和政策相关的建议，而不是从事长期的学术研究成为这一代智囊机构的主要任务。"[2] 这一转变对大学智库的影响更为直接，此前大学智库的纯粹学术倾向在这一时期由此开始发生变化。为了赢得智库领域的竞争优势，从政府和社会获得更

---

[1] 李建军，崔树义. 世界各国智库研究［M］. 北京：人民出版社，2010：34.
[2] 王莉丽. 旋转门——美国思想库研究［M］. 北京：国家行政学院出版社，2010：47.

大的发展支持和生长空间，一部分大学智库调整了研究活动的关注点，向着为政府决策提供更为现实和直接的服务的方向进行积极尝试。

20世纪七八十年代美国大学的生存环境也发生了剧烈变化。在经过二战后特别是20世纪60年代的黄金时代后，20世纪70年代美国的经济"滞涨"给高等教育带来了严峻的经费问题，克拉克·克尔甚至断言"高等教育已经渡过它的黄金时代而过渡到幸存的时代"，而"忧虑的主要源泉来自政府不断的干扰和持续的财政压力"❶。即使是拥有巨大声望的研究型大学，也出现了非常严重的资金问题。如哈佛大学1970年发布的一份报告中就提醒说："新校长可能会面临一些严重的财务困难。与广泛的需求相比，资金一直都是稀缺的，这问题还可能变得更为紧张。在未来10年，哈佛的管理机构将要面临艰难的抉择，以确定哪些活动会维持原状，哪些活动减少，甚至取消"。❷ 这一提醒也确实符合后来的发展形势。实际上，"20世纪70年代，股票市场萧条、持续的高通货膨胀率、紧缩的联邦政府支持以及骤减的校友捐赠，都使哈佛的财务状况恶化"❸。财务状况的恶化迫使大学必须做出反应。作为应对的可行策略之一，很多大学开始更加重视自身的社会服务职能，利用自身雄厚的学术和智力资源，和大学以外的机构（包括政府和经济部门）开展广泛的合作，以此获得更多的经费支持，从而为缓解自身的财务危机提供助力。很显然，大学智库在这一过程中能够（事实上也

---

❶ 盖格. 研究与相关知识——第二次世界大战以来的美国研究型大学［M］. 张斌贤，孙益，王国新，译. 保定：河北大学出版社，2008：297.

❷ 凯勒 M，凯勒 K. 哈佛走向现代：美国大学的崛起［M］. 史静寰，钟周，赵琳，译. 北京：清华大学出版社，2007：527.

❸ 同❷528.

的确如此）扮演重要的角色。这也在一定程度上解释了 20 世纪七八十年代发达国家大学智库日趋繁荣的原因。当然，发展大学智库不仅仅是大学一厢情愿的结果，也符合社会的期许。在内政外交问题频生的时代，"国家对于已经发生的研究展望"出现了"决定性变化"。"人们已经从对创造知识的关注迅速转移到理论与实践相结合的问题，以及把它用于现在困惑美国社会的难于处理的问题。这种刺激产生了各种各样的反应。尼克松当局通过国家卫生研究所，对癌症进行宣战，然后迫使国家科学基金会建立国家自然科学基金会应用于国家需要的研究计划项目。在大学里，要求纯粹（研究）和（现实）关联的潜在的冲突通过集中在当前标准主题目录上——贫困、种族、城市问题和环境保护而得到和解。社会责任的拥护者不再辩护认为进行企业研究将会服务于一个有益的社会目的，也不认为新产品的开发或生产技术的改进与公共福利有什么关系。学校和企业之间的裂痕是如此宽阔以至于《高等教育编年史》随便地用冷战的语言描述：'学术界和商业开发的道路趋于缓和'"❶。

　　综上所述，来自大学外部和内部种种因素的影响，为 20 世纪七八十年代美国大学智库的发展带来了挑战，但也提供了机遇。在挑战与机遇面前，已经从智库的发展中获益的大学开始以更坚定的立场为智库的壮大提供环境、政策和制度支持，而附属于大学的智库机构在经过二战后到 20 世纪 60 年代的探索后，也进一步建立和强化了身份认同和职能自信。在这种背景下，美国大学智库进入 20 世纪七八十年代的快速繁荣时期。

---

　　❶　盖格.研究与相关知识——第二次世界大战以来的美国研究型大学［M］.张斌贤，孙益，王国新，译.保定：河北大学出版社，2008：330.

二、20世纪七八十年代美国大学智库的发展状况

20世纪七八十年代美国大学智库进入快速繁荣阶段。具体表现为新的大学智库不断涌现，规模日益壮大，尤其是国际关系、外交事务、区域研究等性质的智库机构在各国政策需求旺盛的大背景下突飞猛进，成为这一时期大学智库发展的一大亮点。同时从大学智库中产出了一大批具有深远影响的标志性成果，进一步提高了大学智库的地位和影响力。

在大学内部和外部诸多因素的共同作用下，很多大学将发展智库作为20世纪七八十年代提高学校竞争力的重要手段，因此带动了一大批智库机构的出现。哈佛大学是其中的典型代表。1971—1991年担任哈佛大学校长的德里克·博克（Derek Bok）是世俗化的坚定支持者，在他担任校长的20年里，哈佛大学参与公共事务的广度和深度都大大提升，而智库作为大学参与公共事务的重要平台，也在博克任内的哈佛大学得到了迅猛发展。实际上，这也是二战以来哈佛大学世俗化趋势的体现。尽管向世俗化的转变"并不意味着哈佛大学抛弃了其根深蒂固的精英化特性，及其贵族化大学的传统"，但"二战之后，哈佛大学的教职人员确实投身于公共事务之中，这是明显的事实……在20世纪末世俗化已然成为文化界的主流，哈佛大学不仅是广阔社会的观察者，而且还是社会事务的参与者。此时，对于充斥着精英主义论调和强调贵族气质的哈佛大学，其投身社会的世俗化倾向也在迅速扩张"❶。

作为世俗化的支持者，博克对当时一些传统主义者批判大学里

---

❶ 凯勒 M，凯勒 K. 哈佛走向现代：美国大学的崛起［M］. 史静寰，钟周，赵琳，译. 北京：清华大学出版社，2007：493.

专门的研究性机构的论调并不认可。这些传统主义者认为："尽管这些研究机构的目的是要解决社会问题，或是为了提高人类对世界其他领域的认识，但是这种鱼目混珠的机构，打着堂而皇之的招牌，配备的人员都是些才智非常平庸的学者，因此人们很容易持怀疑的看法。"博克对此并不以为然，他指出："这种指责很大程度上应该是针对那些建立此种机构的草率的做法，而不应针对研究机构的性质。事实上，在研究机构以及其他类似的组织中，许多工作都做得很好。如果管理得当，此类活动能够使教授们摆脱诸多涉及研究经费寻求和管理方面烦琐拖拉的官僚主义束缚。更为重要的是，研究所能够发挥有益的作用，能把不同学科的优秀学者集中起来，否则他们可能会在陷入困境的专业系科中挣扎。"博克进一步强调："诚然，此类机构几乎是现代大学中有助于建立当代不同知识和学术领域之间联系的唯一组织模式。研究所如果必须存在于大学之外，那么它就不可能再发挥这种综合性功能；再者，研究所会比专业学院更难以吸引富有创造力的人才，更难以提供必要的科研工作条件，如图书馆设施和研究生配备等。在这种情况下，一些有价值的东西会再度丧失。"❶

作为一名大学校长，博克深刻认识到大学及其成员绝不能置身于公共事务之外。在博克看来，参与公共事务是现代大学的责任和义务，大学里的学者也应该承担起利用自己的学识服务于外部世界的使命。博克曾说："我们对教师们就一些当务之急的具体问题所提出的社会性批评和专家意见有何看法呢？此类任务同样可以留给专业研究所、咨询公司，甚至有创见的新闻记者和作家去完成。但是，

❶ 博克. 走出象牙塔——现代大学的社会责任［M］. 徐小洲，陈军，译. 杭州：浙江教育出版社，2001：82－83.

这种办法是要付出代价的。有些重要的技术建议只能是由从事新领域科学研究的科学家们提出。例如，一名杰出的生化学家能够就DNA 重组研究的长远意义向一家制药公司提出建议，而其他的一些咨询性建议和社会性批评则需要经过几年的研究和探讨，这是一种脱离大学环境所不易实现的研究活动。由此看来，最有资格向政府提供有效的世界边远国家政治、经济发展趋势中期研究成果的经常是大学里的学者。"❶ 博克的这番论述，不啻为支持大学智库发展的宣言。

事实证明，博克主政的 20 年间，的确是哈佛大学智库发展史上的一个黄金年代。这一时期哈佛大学在智库建设领域表现最为突出的当属肯尼迪政府学院（John F. Kennedy School of Government，以下简称"肯尼迪学院"）。肯尼迪学院的前身是哈佛大学 1936 年组建的"公共管理研究生院"（Graduate School of Public Administration）。1966 年，为纪念遇刺身亡的肯尼迪总统，公共管理研究生学院正式更为现名。同年，学院首个公共政策研究机构——政治研究所宣告成立。政治研究所的创建不但拉开了肯尼迪学院智库建设的帷幕，而且以其在公共政策研究领域迅速提升的影响力成为学院智库建设的良好范本。20 世纪六七十年代，政治研究所在纽斯达特的领导下，很快成长为哈佛大学乃至声名远播全美的公共政策和政治事务研究重镇。

在政治研究所的示范作用下，肯尼迪学院在这一时期加快了智库建设的步伐。1979 年，"科学与国际事务中心"以常设机构的形式并入肯尼迪学院。中心迅速在美国国家安全战略研究领域产生广

---

❶ 博克. 走出象牙塔——现代大学的社会责任 [M]. 徐小洲，陈军，译. 杭州：浙江教育出版社，2001：83.

泛影响，并深度介入了很多重大安全事务的决策过程。直至今日，中心仍然是肯尼迪学院乃至哈佛大学最著名的智库，在近年来的全球大学智库排名中始终居于首位，继续在美国乃至全球安全政策和军控等研究领域保持着巨大的影响力。进入 20 世纪 80 年代后，肯尼迪学院的智库建设进一步加速，10 年间又陆续成立的智库机构包括：1982 年成立的穆萨瓦－拉赫马尼商业与政府中心（Mossavar－Rahmani Center for Business and Government），1985 年成立的住宅联合研究中心（Joint Center for Housing Studies），1986 年成立的埃德蒙·J. 萨夫拉伦理中心（Edmond J. Safra Foundation Center for Ethics），1988 年成立的塔伯曼国家与地方政府中心（Taubman Center for State and Local Government）和马尔科姆·维纳社会政策中心（Malcolm Wiener Center for Social Policy）等。学院的智库力量更加充实，研究领域覆盖范围更加广泛，影响力也与日俱增。

哈佛大学肯尼迪学院在 20 世纪七八十年代的智库建设经历，在一定程度上折射出这一时期发达国家大学智库的发展轨迹。对美国其他大学，以及欧洲和日本等发达国家的大学来说，这一时期的智库建设均呈现出蓬勃的态势。总的来说，20 世纪七八十年代，美国大学智库充分利用各国政府愈发重视智囊机构的历史机遇，直面大学内部的挑战，走出了一条以智库建设支持大学母体发展的成功道路，为其在 20 世纪 90 年代冷战格局结束后的多样化和深入发展奠定了良好的基础。

第三节　20 世纪 90 年代以来美国
大学智库的多样化发展

　　20 世纪 90 年代以来，美国大学智库呈现出明显的多样化发展态势。这一方面与冷战结束后国际形势的变化有关，另一方面世界各国面临的发展问题特别是全球性问题日益突出，逐渐上升为各国需应对的主要挑战。与此同时，美国大学在 20 世纪 90 年代以来自身的一些发展也对这一时期大学智库多样化特征的凸显产生了影响。

　　受上述因素驱动，20 世纪 90 年代以来美国大学智库公共政策研究的领域由原来的以国际事务和外交关系为主，逐渐拓展到几乎所有的公共事务方面。尤其是与经济发展、环境保护、教育改革、社会治理等相关的智库从无到有、由弱至强，成为这一时期美国大学智库的重要组成部分。

一、20 世纪 90 年代以来美国大学智库的发展背景

　　20 世纪 80 年代后期，自二战结束以来形成的以美苏争霸为表征的冷战格局逐渐松动；1989 年美苏领导人在马耳他举行的峰会上宣告冷战结束；1991 年 12 月 25 日，苏联解体，国际社会由此正式告别了冷战时代。冷战结束的影响是世界性、全局性的。首先，随着苏联的解体，美国成为世界上唯一的超级大国，其谋求全球霸主地位的决心更加强烈，其对外政策的关注点也由原来的以苏联阵营为主转移到更广阔的国际范畴。其次，美苏对抗格局终结后，无论是西方发达国家，还是新型工业国家，抑或第三世界国家，都普遍将

发展经济摆在了更加重要的地位，而新技术革命的兴起也助推了全球经济发展。再次，在国际政治和国际关系方面，后冷战时代原来被美苏对抗所压制和掩盖的问题开始浮出水面。最后，全球化进程开始加速，尽管各国在各个层面的竞争依然存在，但国际交流与合作已经成为新的时代主题。"随着全球化脚步的不断加快，各国之间形成了既存在竞争又存在合作的微妙局面，而谋求经济的进步已经成为各国之间的共识，经济上的往来极大地推动了国际文化交流。智库作为各国政府的头脑先遣军，其研究的事业与范围也不断拓宽，逐步形成了面向国际事务、区域事务和国内事务的多层次体系。"❶这只是智库领域发生变化的一个方面，实际上，除了层次体系走向多样以外，智库关注的议题领域也空前广泛起来，从原有的政治、外交、国家安全等传统领域，逐步扩展到经济、社会、环境、教育、人口、健康等诸多领域，而且视野也不局限于一国、一地，带有了非常明显的全球化特征。这一方面，美国的智库表现得尤为明显。"20世纪90年代至今，美国思想库的发展进入全球拓展时期。美国人向来以上帝的选民自居，认为自己的天赋使命就是领导世界。冷战结束后，整个世界在政治、经济、文化和社会各个领域出现了结构性变化，全球化趋势日益加深，世界各国相互依存程度日益提高，美国的国家利益也在不断延伸。在这种全球化的国际大背景下，美国思想库开始拓展全球市场，并且极为注重网络媒体的影响力。"❷

在全球化的国际大背景下，智库面临着新的历史机遇和挑战。"全球化发展使得整个世界更加融合，越来越多的经济、社会和政治

❶ 李建军，崔树义.世界各国智库研究［M］.北京：人民出版社，2010：73.

❷ 王莉丽.旋转门——美国思想库研究［M］.北京：国家行政学院出版社，2010：139.

问题成为国际上重要的问题，导致经济社会研究、政策建议和倡导分析必须越来越多地考虑超国家范围。这意味着智库需要转型，不是只重视国内政策制定议程和国内思想市场竞争。这种转型会影响智库的许多方面，包括议程设置、资金筹集、竞争、外部联盟、内部组织和管理、沟通、宣传推广等。"❶ 可以说，在全球化背景下，国际化已经成为 20 世纪 90 年代以来各国智库最主要的发展方向和典型特征。这一时期，贸易、科技、金融和媒体都可能不再是地方性事务，世界逐渐联结成了一个相互影响、不可分割的"地球村"。在这个大"村庄"里，影响国家利益的许多因素来自国门之外，国际智库也往往会将视野投向所在国家和地区之外的广阔的国际场域。国际智库的全球化趋势很显然会对这一时期发达国家大学智库的整体走向产生重要影响。

20 世纪 90 年代以来，国际智库领域另一个突出变化是除美国智库继续保持良好的发展态势外，各国智库都普遍呈现出繁荣之势。原本就拥有众多智库的美国又相继产生了一些新的智库，如美国进步中心（Center for American Progress）、新美国安全中心（Center for a New American Security）等。在欧洲，随着欧洲一体化进程的加速和欧盟范围的扩大，欧洲也涌现出一批着重研究欧洲地区范围事务的新智库，这些智库主要集中在布鲁塞尔，包括欧洲政策研究中心（Center for European Policy Studies）、欧洲政策中心（European Policy Center）等。英国的智库发展也在这一时期向前继续推进，成立了外交政策中心（Foreign Policy Center）、欧洲改革中心（Center for European Reform）等。在亚洲，日本、韩国的智库产业也突飞猛进。20

---

❶ 赖先进. 国际智库发展模式［M］. 北京：中共中央党校出版社，2017：248.

世纪 90 年代以来日本相继创办了环日本海经济研究所、东京财团、国际公共政策中心、宫本亚洲研究所等智库，韩国则组建了东亚研究院、峨山政策研究院等智库。可以说，智库产业在全球范围内都得到了相当程度的发展，这无疑对发达国家大学智库的进一步提升起到了引导和激励作用。

20 世纪 90 年代以来，主要发达国家的高等教育自身的变迁同样是影响这一时期大学智库发展的重要因素。这一时期，世界高等教育发展出现了许多新动向，包括高等教育的信息化、国际化以及创业型大学的飞速发展等。高等教育的信息化是信息技术在高等教育领域广泛应用的具体体现。"20 世纪 90 年代，随着信息技术的发展，世界进入信息化时代。以国际互联网为标志的信息革命席卷全世界，深刻地改变着人类社会的生产、生活和思维方式。现代信息技术彻底改变了知识的创造、收集、储存、传播的方式。信息技术和互联网的发展对教育产生了深刻的影响。使教育的观念、内容、方法、结构发生着革命性的变化。"❶ 信息化为各国高等教育之间的广泛交流和密切合作提供了技术平台，资源共享成为这一时期高等教育发展的一个重要特征。高等教育国际化是教育全球化的主要表现形式，其要点是开放性。各国"通过人员的国际交往、信息交流、国际技术援助和合作，吸收、借鉴世界各国高等教育办学理念和办学模式，从而达到提高人才培养质量，推动本国高等教育现代化进程，实现人类相互理解和尊重的目的"❷。

创业型大学的兴起是各国加强大学与社会的联系、进一步凸显

---

❶ 顾明远. 世界高等教育发展的基本趋势和经验［J］. 北京师范大学学报（社会科学版），2006（5）：26 - 34.

❷ 同❶.

大学社会服务职能的产物，"这个概念还带有'事业'的含义——即在需要很多特殊活动和精力的建校工作中的执着的努力。在创建新的事业而结果还拿不准的时候敢于冒风险是一个重要的因素。一所创业型的大学，凭它自己的力量，积极地探索在如何干好它的事业中创新"❶。创业型大学的重要特点在于，它尝试改革院校的行为方式，增强灵活反应的机制；它努力在市场上寻找有利的机会，以寻求院校特有的身份，并且试图进行组织特征上的实质性变革。就大学组织构成要素的创新而言，创业型大学意味着为院校改革提供多种可选择的途径和手段。大学组织的创新有利于增加组织机制上的灵活性，其可供选择的组织变革的途径趋于多样，包括争取更多资助、拓展院校边界、推广分化自治的财政制度、增强基层单位自治权等。从知识管理方式变革的角度来看，信息社会中知识的选择和参与程度都有显著增长，因此只有变革知识管理的方式和探索工具，才能充分满足和应对知识经济提出的新的时代要求。此外，知识的全球化趋势也迫使大学走向其最基本的功能特征，现代大学的科研工作日益成为创业型大学的驱动力量。❷

要求大学与社会关系更加紧密，呼吁大学近距离地服务社会，在20世纪90年代以来带来的另一个颇具争议的现象是商业化趋势在高等教育领域的增强。伯顿·克拉克认为："传统大学面临日益增长的知识总量和社会需求的巨大压力，必须通过转型来扭转大学的不利局面"，而这种转型实质上就是要实现大学更广阔的社会化和更

---

❶ 克拉克. 建立创业型大学：组织上转型的途径 [M]. 王承绪，译. 北京：人民教育出版社，2003：2.

❷ 张丽. 伯顿·克拉克的高等教育思想研究 [M]. 武汉：华中师范大学出版社，2008：237 - 238.

深入的商业化。❶ 学术界普遍认为，对于有着自身学术使命的大学而言，商业化显然是不可取的，但大学是否就必须与商业保持严格的距离和界限吗？对此，博克有自己的认识："如果商业真与理想大学格格不入，我们理当全力阻止大学商业化的现象，但商业的概念及做法真如许多教授所想，和学术机构完全沾不上边吗？在排斥商业之前，关心高等教育的人应该扪心自问，企业界的某些优点是否值得大学效法？"❷ 至少在鼓励大学学者开展学术研究方面，某些商业做法是值得大学吸收和借鉴的。美国大学在 20 世纪 90 年代以来尤其重视激发科研人员的学术积极性，加速科研成果的现实转化，其中某些做法就带有了商业气息。如美国大学加速科技成果转化的措施包括：成立专门的科技成果转让办公室，工作人员由学者、经理人和律师等具有丰富的专业知识、营销知识和法律知识的人组成，以充分体现和实现科技成果的价值。在进行科技成果转化时，充分考虑到科研人员的利益，以激发和保护他们的积极性。如哥伦比亚大学规定，凡技术转让收入在 10 万美元以下的，技术发明者可以获得 50%，超过 10 万美元的部分由学校、院、系和技术发明者各得 25%。此外，还有一些大学采取了允许和鼓励大学学者以技术入股开办公司的措施，促进科技成果的转化。❸ 从这些理念和具体举措可以明显感觉到，创业型大学的兴起和快速发展，在某种程度上与大学智库的发展理念是有异曲同工之处的。而这些也都为 20 世纪 90 年代以来美国大学智库的多样化发展提供了鲜明的时代背景。

---

❶ 李颖. 慎终如始，防范学术沉沦 [J]. 高校教育管理，2015（2）：119–124.

❷ 博克. 大学何价：高等教育商业化？[M]. 杨振富，译. 台北：天下远见出版股份有限公司，2004：43.

❸ 皮江红. 20 世纪 90 年代以来美国高等教育改革趋势分析——兼论对我国高等教育改革的启示 [J]. 煤炭高等教育，2002（7）：39–41.

二、20 世纪 90 年代以来美国大学智库的发展状况

20 世纪 90 年代以来美国国际大学智库最突出的发展特征是"多样化"。这种多样化，集中体现在智库的研究领域由原来的以国际事务、对外关系等为主，拓展到几乎所有的公共事务政策研究领域。此外，原来开展智库建设的大学主要是那些有着悠久历史和卓越声望的综合性、研究型大学，这一时期一些区域性大学也开始涉足智库建设，并取得了值得称道的成就。

在智库研究领域的多样化方面，大学智库的表现形式有两种。一种是原来专注于某一领域政策研究的智库，在新的时代背景和社会需求影响下，主动拓展自身的研究领域。另一种则是在这一时期新成立的智库，在设立之初就确定了不同于以往智库传统研究领域的新的研究方向。

哈佛大学肯尼迪学院的贝尔弗中心是不断拓展自身研究领域，寻求在更广阔范围内提升自身作为智库的影响力水平的典型之一。贝尔弗中心初创于 1973 年，最初附设于哈佛大学文理学院，1979 年并入肯尼迪学院。作为贝尔弗中心的前身，1973 年哈佛大学文理学院设立的"科学与国际事务项目"的主要宗旨和工作任务是开展有关核武危险和军备控制领域的研究，目的是从理论和实践层面分析冷战时期美苏两国的核威慑和军备竞赛带来的全球性危险，并尝试提出降低危险的策略。该项目的发起人保罗·M. 多蒂（Paul M. Doty）是哥伦比亚大学化学博士、美国国家科学院院士。到贝尔弗中心任职前，多蒂任哈佛大学化学系教授，还曾以美国总统国家安全事务特别助理的身份参与核武器控制方面的决策活动。在多蒂的领导下，科学与国际事务项目得以顺利开展，逐渐赢得了外界的

关注。1976 年，多蒂领导的这个团队设立了"国际安全项目"（International Security Program），并且新增了"科学、技术与公共政策项目"（Science，Technology，and Public Policy Program），研究主题开始拓展到更广泛的领域。1978 年，鉴于科学与国际事务项目取得的显著成就，福特基金会向项目提供了资金支持，使其得以由文理学院一个非建制性的项目机构转向肯尼迪学院，成为该学院第一个永久性的研究中心：科学与国际事务中心。1990 年，科学与国际事务中心增设"环境与自然资源项目"（Environment and Natural Resources Program）。该项目的设立标志着科学与国际事务中心作为智库机构在研究视野上的高瞻远瞩。从最初的军事安全，到广义上的安全，科学与国际事务中心实现了研究领域的极大拓展。中心充分认识到安全的深刻含义，"安全不仅意味着防止军事侵略，还意味着维持足够的食物和水供应，以及公共卫生的保护。这些问题不能从一个学科、一个问题或一个国家的角度来解决，而要求跨越学科和地理边界整合多种需求和价值观"❶。实际上，也正是在这样的理念驱动下，20 世纪 90 年代以来贝尔弗中心才得以不断扩大自身的研究领域，并且充分利用哈佛大学的学术资源提升其政策研究水平，进而确立了在全球大学智库领域的卓越地位。目前，贝尔弗中心已形成了四个较为稳定的研究领域，分别是：外交与国际政治，环境与自然资源，国际安全，科学、技术与公共政策。开展的研究项目涉及能源技术政策创新、气候协议、网络项目、原子能管理、科技与全球化、能源的地缘政治等多个方面。从研究领域的覆盖程度来看，

---

❶ Belfer Center for Science and International Affairs. Environment and natural resources [EB/OL]. (2019 - 01 - 23) [2019 - 05 - 08]. https：//www. belfercenter. org/program/environment - and - natural - resources#about.

贝尔弗中心已经成为一个"准综合性"的大学智库。

除已有大学智库结合新的外部需求逐渐扩大自身的政策研究和服务领域外，20 世纪 90 年代以来发达国家大学智库的多样化发展，更多地体现在新创办大学智库研究领域的不断丰富方面。尤其是伴随着全球化趋势的加强，这一时期在发达国家出现了一大批致力于运用大学综合学术资源、从多学科交叉和融合角度致力于分析和应对全球化挑战等一系列政策问题的新生智库，这些智库很快就成为大学智库领域的一支重要力量。在这些智库中，耶鲁大学全球化研究中心（Yale Center for the Study of Globalization）较有代表性。

耶鲁大学全球化研究中心成立于 2001 年，其宗旨是"加强耶鲁大学关于全球化问题的讨论，推动耶鲁大学和政府政策领域的观点交流"[1]。在全球化趋势日益明显，全世界几乎所有人、所有国家都无法置身其外的情况下，作为一所具有全球影响、致力于在国际高等教育领域扮演引领者角色的耶鲁大学深刻认识到全球化对大学内外的重要影响。面对全球化带来的挑战和机遇，耶鲁大学创办全球化研究中心，目的就是要支持那些能够紧抓机遇、克服挑战的思想和观点的产出与传播。中心的关注点不再是某个国家或某个地区的单个问题，而是将目光投向了世界上最贫困、最弱势的群体，希望通过对现实政策的研究与分析，让这一群体能够分享全球化的红利。当然，耶鲁大学和全球化研究中心都充分认识到，要提出应对上述问题的可行方案的前提是，这些问题产生的根源往往是世界性的，因此解决方案的提出也必须凝聚全球智慧。只有通过耶鲁大学自身丰富的学术资源，以及耶鲁大学和来自其他大学、其他国家的专家

---

[1] Yale Center for the Study of Globalization. About the center [EB/OL]. (2019 – 01 – 27) [2019 – 05 – 08]. https：//ycsg. yale. edu/about – center – 1.

学者的通力协作，才能够形成更有针对性和更有效的解决这些全球性问题的可行方案。

基于上述认识，自 2001 年成立以来，耶鲁大学全球化研究中心秉持任务宗旨，积极开展与全球发展、金融全球化、多边贸易等问题有关的形势与政策研究，致力于围绕全球公共核心利益提供解决方案。尤其是在与全球公共核心利益相关的问题上，其对包括减缓气候变化、维护全球和平与安全等需要全球协调与合作的事项给予了优先考虑。其对涉及的四大支柱战略所做的介绍充分体现了上述工作内容和特点："首先，我们将研究重心放在了全球化真正的核心问题上；其次，中心依靠多种手段——从高度专业化的思想家的大脑风暴，到大规模多学科学术会议，从公开讲座和专题讨论，到邀请最杰出的访问学者——中心作为耶鲁大学学术辩论和前沿思想的催化剂，产出了政策相关的一系列建议；再次，除了将在耶鲁大学校内进行广泛互动作为优先任务外，中心还积极寻求与世界各地的机构、学者进行合作，以此充分利用我们的资源、强化中心工作的政策针对性，同时支持耶鲁大学在国际化方面的努力；最后，中心通过自己或合作发表出版物的方式，在学术界和政策领域宣传分析观点、激发建设性的辩论。"❶

目前，耶鲁大学全球化研究中心重点开展六大领域的研究工作，包括：全球发展、全球贸易、金融全球化、和平与安全、核裁军、气候变化。显而易见的是，任何一个领域涉及的学科都是非常多元的，或者说，仅凭某一个学科甚至某几个学科，都无法完成上述任何一个领域的研究工作。这也是耶鲁大学全球化研究中心作为多样

---

❶ Yale Center for the Study of Globalization. About the center ［EB/OL］. （2019 - 01 - 27）［2019 - 05 - 10］. https：//ycsg. yale. edu/about - center - 1.

化大学智库典型代表的集中体现。

如果说耶鲁大学全球化研究中心代表了 20 世纪 90 年代以来大学智库研究视野更加宏观和综合性的发展趋势，那么斯坦福大学教育政策分析中心（The Stanford Center for Education Policy Analysis）是大学智库愈加关注与公共利益相关的公共政策领域研究的另一典型。斯坦福大学教育政策分析中心成立于 2009 年，前身是 2006 年组建的斯坦福大学教育政策和实践研究所（Institute for Research on Education Policy and Practice），2009 年更为现名，目前已发展成美国乃至在全球都颇具影响力的教育类大学智库。

在美国和其他发达国家，教育类智库是 20 世纪 90 年代以来发展速度较为迅猛的一种大学智库，这源于各国政府和大学对教育作为一种公共事务的重视程度的不断提高。从国际层面来看，随着新技术革命的兴起，科技与人才在国际竞争中的决定性作用愈发明显；从各国内部来看，教育也面临着公平、质量、效率、技术革新等带来的一系列挑战，政府教育决策与各国教育事业发展之间的关系也更紧密，更加需要在决策环节考虑和关照不同阶层和群体的多样化诉求。在这种情况下，专门开展教育政策分析与研究的智库开始蓬勃发展。在美国智库领域，一些传统民间智库如兰德公司、布鲁金斯学会等都纷纷将教育政策研究纳入自己的职能范畴，而大学本身作为教育活动的承担者和实践者，也开始致力于从自身角度出发、利用在教育事业方面的独特优势开展教育政策研究，积极参与各级政府的教育决策。斯坦福大学教育政策分析中心就是在这一过程中涌现出的大学教育智库的杰出代表。

斯坦福大学教育政策分析中心尽管依托斯坦福大学而建，但其设立初衷是"旨在联合来自全国各地跨学科的杰出学者，为满足以一种有意义的方式影响教育实践和教育政策之需而提供具有深度和广度的研究"。其优势在于它对教育背景的社科理解,对数据资料的创新性使用和严谨分析,这为中心提出能够真正解决教育问题的方案奠定了坚实的基础。合作是中心工作方式的一大特征,自成立以来,中心与联邦和州教育管理和决策机构、各级各类学校教育工作者及与教育事业相关的社会机构形成并保持了密切的合作关系,从而为确保中心政策研究的科学性提供了重要支撑。

斯坦福大学教育政策分析中心实行指导委员会(Steering Committee)领导下的主任负责制,如表 2 - 1 所示,指导委员会现有成员 6 人,均是在美国教育研究领域有较大学术影响力的学者。其另有专职研究人员 13 人,每年还接受十余名来自全球各地的访问学者、博士后等,这些学者和专职成员共同开展合作研究。

表 2 - 1 斯坦福大学教育政策分析中心指导委员会成员简况

姓名	简介
埃里克·贝廷格 (Eric Bettinger)	斯坦福大学教育学院教授,教育政策分析中心主任,主要研究领域为教育经济学,系美国国家经济研究局研究助理
米歇尔·赖宁格 (Michelle Reininger)	斯坦福大学教育政策分析中心执行主任、副教授,主要研究领域为教育经济学
托马斯·迪 (Thomas Dee)	斯坦福大学教育学院教授,曾任教育政策分析中心主任、教育学院副院长,主要研究领域为教育测量与教育政策,系美国国家经济研究局研究助理
本·多明格 (Ben Domingue)	斯坦福大学教育学院副教授,主要研究领域为学习与教学
伊莲娜·奥布拉多维奇 (Jelena Obradović)	斯坦福大学教育学院副教授,主要研究领域为儿童发展问题
肖恩·里尔顿 (Sean Reardon)	斯坦福大学教育学院教授,主要研究领域为教育贫困和不平等问题,美国教育科学院和文理科学院院士

数据来源:根据斯坦福大学教育政策分析中心官方网站资料整理。

自创立以来，斯坦福大学教育政策分析中心在教育政策研究领域形成了较大的影响力。该中心的主要研究领域包括贫困与不平等、联邦与州政府的教育政策、教学与领导力有效性、教育技术创新等，探讨的主题包括：教育问责、儿童发展、课程与指导、教育管理、教育公平、教师教育、教育经济、领导素质等，涉及的范围涵盖了从学前教育到高等教育的各个层次。"随着时间的推移，中心关注教育的领域和层次逐渐扩大提升。教育政策分析中心竭力解决在教育政策上最持久和紧迫的问题，如种族、民族和社会的经济差距部分缩小；联邦和各州对学生学习各国的影响；培训、招聘和留人优秀教师及行政人员。中心对加利福尼亚地区的教育状况，特别是对学生成就、教师绩效、教育贫困与公平问题尤为关注。自 2010 年开始，中心每年春、秋、冬季都会召开研讨会，邀请某一领域专家，包括政治、经济、公共政策等方面的专家学者就某一主题展开研讨。该中心已经进行了多次有影响的研究，培养了无数教育政策方面的专家和学者，与各个学区、州教育机构和非营利组织形成了强有力的伙伴关系。"❶ 这是确保中心持续开展高水平政策研究的重要支撑。

作为一个旨在产生广泛影响的教育类大学智库，斯坦福大学教育政策分析中心开辟了多种成果发布渠道，包括出版图书、向新闻媒体和期刊报纸投稿、主办学术论坛、举行学术讲座和官员培训等。借助斯坦福大学丰富的学术资源，中心在短短的十年间就已经发展成在美国教育智库领域颇具影响力的重点研究机构。

总的来说，20 世纪 90 年代以来，美国大学智库的发展态势呈现明显的多样化趋势，大学智库涉足的研究领域几乎覆盖了所有的公

---

❶ 徐平. 重创新、助决策、促实践——美国斯坦福教育政策分析中心［J］. 外国中小学教育，2017（1）：76 – 79.

共事务政策范畴，并且依托大学雄厚的学术资源，产出了一大批具有深远影响的政策研究成果，开辟出形式多样的影响力实现渠道，确保了大学在美国智库领域占据不可动摇的位置。

回顾美国大学智库自二战后以来的发展历程，还有一点值得人们深思，即与官方智库和民间独立智库相比，大学智库有自身的特点和优势。从参与智库竞争的角度来看，大学智库必须深刻把握自身优势，寻求特色化发展的路径。这种优势集中体现在大学这种有着悠久历史的社会机构在回应社会诉求方面的特殊地位。诚如有学者所言："大学应以其独特优势、自身的内在逻辑对社会需求（这里所指的是社会的根本需求，而不是所有的外部需求）做出反应，不为外部的即时需求所困，不被眼前利益所蒙蔽，在发展自身的同时满足社会根本需求。当然，大学可能无法直接提供治愈社会顽疾的灵丹妙药，但是相对于其他社会机构而言，它却能开出解决这些顽疾的良方，或许这正是大学的核心使命所在。"❶

---

❶ 李颖. 慎终如始，防范学术沉沦［J］. 高校教育管理，2015（2）：119 – 124.

哈佛大学的智库建设

第一节　哈佛大学的智库建设路径

　　大学智库是现代大学社会服务职能的重要体现。自现代大学确立社会服务职能以来，其内涵不断丰富和发展，服务领域也由传统的产业经济领域向社会政治、公共政策领域延伸和拓展。"随着时代的发展，由于国家的需要，大学被赋予了更多的功能，大学服务社会的形势也发生了变化……更深入地参与到国家决策的进程中来。"❶ 而大学智库正是这一变化的直接产物。由于大学智库建设需要强大的智力资源和学术支撑，所以，大学智库的建设和发展水平，在一定程度上体现出智库所在大学的综合实力。作为美国一流大学的代表，哈佛大学自二战之后开始致力于智库建设。到 20 世纪 70 年代，哈佛大学充分发挥自身的人才、科研、组织和资源优势，坚

---

　　❶ 胡光宇. 大学智库［M］. 北京：清华大学出版社，2015：1.

持顺势而为、突出重点、稳步推进的原则，建成了众多在公共政策领域具有广泛影响力的高水平智库。哈佛大学"智库群"的崛起，不仅为哈佛大学社会服务职能的拓展与深化提供了有效平台，而且为哈佛大学赢得了广泛声誉。作为西方大学智库史上大学智库与大学母体良性互动的典范，对我国高校建设新型高水平智库有着极为现实的借鉴价值。

一、哈佛大学智库建设的时代背景

就本质而言，大学智库是高等教育社会服务职能向公共政策领域延伸和拓展的集中体现。高等教育的社会服务职能确立于19世纪中后期的美国，以赠地学院、"康奈尔计划"和"威斯康星观念"等为标志，大学开始自觉运用自身的人才和智力资源为社会提供有效的服务。二战时期，来自美国政府（军方）的研究合同，不仅为美国的大学特别是研究型大学带来丰厚的科研经费，还极大地推动了美国大学特别是研究型大学科研水平的提升。众多研究型大学从中深刻认识到社会服务职能对于自身发展的意义与价值。因此，二战之后，积极推动社会服务职能的拓展和深化，逐渐成为美国研究型大学的共识。作为美国研究型大学的翘楚，哈佛大学在探索高等教育社会服务职能的多元实现方面再一次走在了前列，大学智库即是这一探索的代表性产物。

哈佛大学自觉延伸社会服务职能、主动推动大学智库建设的行为并非偶然，至少有三个因素在其中发挥了作用。其一，尽管战时哈佛大学与政府（军方）的合作主要集中在自然科学领域，但也有少数合作出现在社会科学领域。例如，"心理学家哈里·默里开发了一些方法，通过人格测试来评估人，广泛用于军队……人类学家克莱德·克拉克霍恩对日本人的心理进行研究，人们认为这是决定向日本投放原子弹的重要因素"❶。这些案例让哈佛大学认识到，社会科学同样可以利用自己的学术优势提供有效的社会服务，并在此过程中发展壮大自身。其二，二战前哈佛大学的社会科学处于一种较为尴尬的境地，在学术声望上无法媲美人文学科，在科研活力方面则逊色于自然科学。哈佛大学的领导层迫切希望改变这种状况，并为此做出了努力。在 20 世纪三四十年代，哈佛大学聘请了一批在社会科学领域或声名卓著或极具潜力的学者，这批学者的加盟为哈佛大学社会科学的腾飞奠定了人才基础，也为社会科学研究与国家公共政策的结合（即大学智库的出现）提供了可能。其三，在推动社会科学发展的具体路径选择上，哈佛大学认识到，与其他科学门类一样，社会科学的发展不能仅靠纯粹的学理思辨和基础理论研究，还要高度重视现实问题、关注应用研究，而智库显然是社会科学关注现实问题的最佳载体。正是在上述因素的共同影响下，哈佛大学开始了自觉拓展社会科学服务职能的尝试，哈佛大学的智库发展也由此驶入了快车道。

二、哈佛大学智库建设的基本路径

（一）以满足公共政策需求为导向，发展特色智库

大学智库是大学自觉延伸社会服务职能的产物。满足公共政策需求，既是大学智库产生的动因，也是其存在的价值。因此对于一所大学而言，是否建设智库以及建设什么样的智库，既取决于大学

---

❶ 凯勒 M，凯勒 F. 哈佛走向现代：美国大学的崛起［M］. 史静寰，钟周，赵琳，译. 北京：清华大学出版社，2007：237.

自身是否具备一定的人才储备、学科基础和学术优势，还取决于大学能否敏锐捕捉并坚持公共政策需求导向，进而有针对性地发展特色智库。这实际上反映出大学智库发展的一条基本规律，即任何一所大学在建设智库的过程中，必须坚持以公共政策需求为导向，结合自身优势，顺势和循序发展特色智库。

就哈佛大学的智库建设而言，二战之后的二十余年是哈佛大学智库发展的第一个高峰期。这一时期哈佛大学一批以区域研究和国际关系及外交政策研究为特色的智库机构的兴起历程充分反映了上述规律。二战后到 20 世纪 70 年代，哈佛大学相继成立了俄国研究中心（1948 年）、中东研究中心（1954 年）、东亚研究中心（1955 年）、国际事务中心（1958 年）、国际发展研究所（1962 年）、贝尔弗中心（1973 年）、日本研究所（1973 年）等智库机构。这批专属类型智库的出现并非偶然，而是哈佛大学认真分析战后国际格局、敏锐捕捉美国对外关系政策研判的外部需求，并在此基础上努力拓展社会科学公共政策服务职能的结果。二战之后，哈佛大学率先于1948 年成立了战后的第一个智库机构——俄国研究中心。设立该中心的初衷，就是"希望社会科学能够共同致力于国家认识冷战对手的紧迫需要"❶。此后，哈佛大学成立的众多区域和国际事务研究机构大多也因循了类似职能。

受益于外部需求，依托强大的研究队伍和学术资源，哈佛大学在这一时期组建的上述智库完成了大量研究项目，并取得了显著成就。如哈佛大学国际事务中心（1998 年更名为魏海德国际事务中心）迅速成长为在美国政府国际关系和外交政策领域具有广泛影响

---

❶ Davis Center for Russian and Eurasian Studies. History ［EB/OL］.（2015 – 04 – 13）［2019 – 05 – 09］. http：//daviscenter. fas. harvard. edu/about – us/history.

的著名智库，直至今日，该中心仍是美国最著名的外交政策智库之一。

国际事务中心的兴起在哈佛大学并非个案，这一时期成立的其他智库，如俄国研究中心、东亚研究中心（现在的费正清中国研究中心）、国际发展研究所、贝尔弗中心都相继跻身美国顶级智库之列，并保持至今。在 2014 年《全球智库报告》公布的 40 所"全球顶级大学智库"中，哈佛大学有 3 所上榜，其中贝尔弗中心位居榜首，国际发展研究所和魏德海国际事务中心分列第 14 和第 15 位。❶ 这充分说明哈佛大学智库建设的显著成效。

分析哈佛大学智库建设的成功经验不难发现，哈佛大学在发展智库的过程中坚持公共需求导向。对于一所有志于智库建设并以此推动学校整体发展的大学而言，敏锐捕捉公共政策需求是不可或缺的重要前提。哈佛大学智库建设成功的重要原因之一，也在于它及时和充分地认识到二战后冷战格局下美国政府对外政策领域的巨大需求空间。在此基础上，哈佛大学结合自身的学科优势和人才资源，顺势组建了一批以满足外交政策需求为宗旨的区域和对外关系研究机构，打造出众多在相关领域具有广泛影响的特色型智库，有效地实现了大学学术优势的政策转化，从而在美国公共政策研究领域产生了广泛影响。

（二）积极开拓资金渠道，为智库提供充足的经费保障

与大学母体一样，大学智库的建设和发展同样需要强大的资金支持。在历史上，与那些能够提供技术咨询和服务推广的自然学科

---

❶ MCGANN J G. 2013 Global go to think tank index report ［R］. Philadelphia：University of Pennsylvania，2014：90.

相比，美国大学中的社会科学在吸引科研经费方面始终处于弱势。二战期间以军工及相关技术研究为主的科研资助模式进一步拉大了自然学科与社会科学在经费吸引能力方面的差距。这种局面显然不利于大学社会科学研究水平的提升，当然也会对二战后正处于起步阶段的大学智库的发展产生负面影响。面对这一难题，哈佛大学采取了灵活的应对措施，积极拓展经费渠道，为社会科学及大学智库的发展争取到较为充裕的研究资金，确保了智库的早期建设和可持续发展。

考虑到二战期间美国联邦政府为哈佛大学科学研究提供的丰厚经费，哈佛大学在智库筹建和发展初期，自然会将政府作为争取经费的首选对象。然而，二战后美国联邦政府科研资助的重心仍主要集中在自然科学领域，因此，哈佛大学要想继续争取政府对社会科学特别是智库机构研究项目的资助就变得十分困难，另辟蹊径以获得支撑智库建设与发展的经费，成为哈佛大学的必然选择。

哈佛大学将目光转向了私人基金会。当时适逢美国私人基金会正在积极拓展对大学科研资助的领域，因为他们也认识到，由于政府加大了对高校的科研投入，所以"私人基金会如果想打造出自己的一片地盘并发挥某种根本作用的话，留给它的就只有那些尚未流行开来的具有冒险性而又容易失败的活动了"❶。事实上，二战后也是私人基金会对大学科研资助经费迅速增长并积极覆盖此前曾受忽视的社会科学领域的重要阶段，如福特基金会在这一时期开始将"那些经过仔细选择的、由于种种原因政府不予支持的社科研究项

---

❶　刘喻. 美国私人基金会捐赠高等教育的研究［D］. 武汉：华中师范大学，2008：12－13.

目"❶作为科研资助的重要方向。另据统计，自 1946—1949 年到
1955—1958 年，仅卡内基、福特和洛克菲勒三大基金会对美国主要
大学社会科学研究提供的经费就从 450 万美元增至 4360 万美元。❷
哈佛大学看到并及时把握住了这一机遇，充分利用自身的社会声誉
和学术地位，赢得私人基金会大量的经费支持，为智库的建设和发
展提供了坚实的资金保障。

实际上，战后哈佛大学第一批智库的兴起，大多与私人基金会
的经费支持有着密切关联。哈佛大学创办首个智库（俄国研究中心）
所需的 10 万美元经费，就是时任校长科南特向卡内基基金会筹得
的。❸此外，哈佛大学还利用福特基金会提供的资金支持先后创办了
东亚研究中心、国际事务中心以及贝尔弗国际事务研究中心。可以
说，哈佛大学智库群在战后的崛起，很大程度上是建立在私人基金
会的经费支持基础之上的。

（三）注重发挥学术优势，以高水平战略研究提升智库的品牌和影响力

智库的价值最终要通过高水平的研究活动和研究成果来体现，
大学智库也不例外。然而，对于初期的哈佛大学智库而言，要想开
展高水平的公共政策研究并取得具有影响力的成果，进而在这一领
域占据一席之地，还需要面对另一挑战。这是因为，在美国智库发
展史上，20 世纪中期不独是大学智库开始繁荣的时期，也是美国智

---

❶ 刘喻. 美国私人基金会捐赠高等教育的研究［D］. 武汉：华中师范大学，2008：
13.

❷ 盖格. 研究与相关知识——第二次世界大战以来的美国研究型大学［M］. 张斌
贤，孙益，王国新，译. 保定：河北大学出版社，2008：115

❸ 史密斯. 哈佛世纪——锻造一所国家大学［M］. 程方平，程玉红，鲜瑜，等译.
贵阳：贵州教育出版社，2006：200.

库的另一主要类型——独立智库迅速崛起的重要阶段，除少数成立于20世纪早期的老牌独立智库外，诸如兰德公司、企业研究所、城市研究所、胡德森研究所、美国战略与国际研究中心、传统基金会等至今仍赫赫有名的独立智库大都出现于这一时期。这批独立智库很快就崭露头角，如成立于1948年的兰德公司在二战后初期得到了美国国防部的青睐，公司运用新的方法和技术来分析研究公共政策问题，取得了丰硕的成果。独立智库的兴起给正处于起步阶段的哈佛大学智库带来了挑战，因此，在竞争方兴未艾且将日趋激烈的智库领域，哈佛大学众多新生智库要想在竞争中占得先机，就必须努力开辟出能够发挥自身优势、体现独特价值的生存空间，探索出一条适合大学智库发展的路径。

雄厚的学术积淀、扎实的基础理论研究、学术背景多样的研究队伍、覆盖广泛的学科分布是哈佛大学智库发展所拥有的独特优势。基于这些学术优势，哈佛大学智库在实践中形成了侧重基础性、长期性、综合性和战略性研究的发展方向。这一发展方向实际上成为促成哈佛大学智库在公共政策研究领域赢得一席之地的关键因素，为哈佛大学打造智库品牌、扩大智库影响力奠定了成果基石。

三、哈佛大学智库建设的当代借鉴

近年来，特别是2013年《中共中央关于全面深化改革若干重大问题的决定》提出加强中国特色新型智库建设，以及2014年教育部启动《中国特色新型高校智库建设推进计划》，高校智库建设日益成为全社会关注的热点议题，很多高校也从不同角度进行了积极尝试，并取得了一定进展。然而，高校智库在我国毕竟还属于"新生事物"。从高校角度来看，有关智库建设对高校究竟意味着什么、高校何以能够建设智库、建设什么样的高校智库、高校如何依托自身优势建设高水平的特色智库等基本问题,都需要深入探索。高校要充分考察现实需要和实际条件,切实从高等教育发展的内在规律中探索高校智库建设的科学路径。而在此进程中,哈佛大学打造高水平"智库群"的经验具有极为现实的借鉴意义。

(一)科学定位智库对高校发展的意义与价值是高校智库建设的理论前提

高校开展智库建设的内在动机源于高等教育拓展社会服务职能的需要,是高校的学术优势与智力资源对现代政府科学决策和民主决策需求的积极回应。通过发展智库,高校能够有效实现自身智力资源特别是社会科学学术优势的政策转化,这不仅将高等教育的社会服务职能从传统范畴拓展到新兴的公共政策领域,在提高现代政府治理能力过程中发挥高校的作用,同时也为高校社会科学研究水平的提升开辟了新的路径。借助这一互动过程,大学智库与其母体之间的共赢关系得以彰显:一所优秀的大学能够为一流大学智库的孕育提供适宜的土壤,而一个高水平大学智库的存在,则会为大学母体的可持续发展输送动力。哈佛大学通过发展智库,有效推动了其社会科学的研究水平,扩大相关学科的学术影响,这一历程也在实践层面说明了智库建设对大学自身发展的重要意义和现实价值。正是一批高水平智库群的存在,哈佛大学在美国的影响力得到了进一步提升。如有学者在评价国际事务中心对哈佛大学的推动作用时就曾表示,由于国际事务中心的特殊贡献,"哈佛人几乎主导了美国各个层级的外交政策"❶。尽管我们不能由此判断一流智库群的存在对提升哈佛大学的社会影响力究竟发挥了多大的作用，但其在推动哈佛大学发展方面的意义和价值却是毋庸置疑的。因此，就我国而言，发展高校智库，首先就应从源头明确高校智库的本质属性，特别是科学定位智库通过与高校的良性互动从而在推动高校发展方面所具有的意义和价值，以此为我国新型高校智库的建设奠定科学的理论基础。

（二）有效捕捉公共政策需求是高校建设高水平智库的关键影响因素

哈佛大学之所以能够在较短时间内建起一批特色突出的高水平智库，一方面是因为大学为之提供了强大的学术支撑；另一方面更在于哈佛大学在兴建智库的起始阶段，就对建设什么样的智库有了明确的目标定位，而这从根本上是源于哈佛大学准确把握了美国政府在冷战格局下制定具有全球战略意义的对外政策的迫切需求，进而结合自身的学科与人才优势兴建起一批专门的区域与国际关系研究机构。适宜的外部环境和强大的学术资源两者之间的巧妙结合，成就了哈佛。

哈佛大学一流"智库群"的兴起。就本质而言，大学智库存在的价值主要体现于其对公共政策需求的满足程度。对我国高校而言，要在当前智库建设浪潮中发挥出应有的价值，其重要前提和关键因素在于，每一所有志于发展智库的高校，都必须将智库建设的基础建立在对公共政策需求的认真审视和准确分析上，同时还应客观认

---

❶ WIARDA H J. Harvard and the Weatherhead Center for International Affair ［M］. Lanham：Rowman & Littlefield Publishers，Inc.，2010：161.

识高校自身学术力量对政策需求的满足程度。

（三）开展基于学术优势、凸显战略价值的综合性与长效性政策研究是高校智库可持续发展的重要保证

哈佛大学"智库群"的崛起，是在竞争日趋激烈的美国智库全面走向繁荣的过程中完成的。面对来自其他类型智库特别是独立智库的挑战，哈佛大学智库并没有选择在独立智库所擅长的研究领域与之竞争，而是在充分考察自身学术基础、研究传统和人才优势的前提下，将基础性、综合性、长期性、战略性政策研究确定为大学智库的主要研究方向。这一准确的目标定位确保了哈佛大学学术优势向政策研究领域的顺利转化，促成了一批对美国国家战略产生深远影响的研究成果的产生，从而不仅使哈佛大学在竞争激烈的智库领域脱颖而出，为哈佛大学智库的后续发展奠定了基石，同时也为哈佛大学及其社会科学赢得了声誉。

与哈佛大学智库在发展初期面临的境况相似，正处于蓄势待发阶段的我国高校智库同样也面临来自其他类型智库的竞争与挑战，我国的党政机关附属政策研究机构、社科院系统以及近年来方兴未艾的民间智库，均在公共政策领域扮演了重要角色。相对而言，受传统的研究范式和学术型研究导向的影响，我国高校在借助自身人才和智力资源优势、开展高水平政策研究领域还处于较为弱势的局面。在这种情况下，高校智库如果能够在激烈的竞争中凸显自身价值，就必须充分发挥比较优势，拓展政策研究的领域，特别是在其他类型智库无法承担或难以长期开展的战略性、基础性政策研究领域"俯身扎根"。应该看到，随着我国强国战略的循序开展和现代政府治理能力的提升，各级政府将比以往更加关注、重视和需要具有

潜在和长远战略价值的发展理论和政策框架，而这恰恰是高校智库所擅长、其他类型智库却难以企及的领域。因此，对我国高校而言，在兴建智库的浪潮中，切忌出现"'追名逐利'的'动机偏离'、'大干快上'的'行动偏离'和'纸上谈兵'的'评价偏离'"❶。要采取"有所为有所不为"的策略，从宏观层面通盘规划智库建设的力度和进度，打造出能够真正为国家经济社会发展服务的一流高校智库。

第二节　哈佛大学肯尼迪学院的智库建设

在美国，大学智库作为智库领域中的一个独特类型，与官方智库、民间独立智库共同组成了强大的智库体系，为美国联邦和地方政府各领域公共政策的制定提供了源源不断的智力支持，成为美国高等教育社会服务职能的重要体现。

由于智库的建设和发展需要雄厚的学术力量支撑，因此，美国的大学智库往往出现于那些知名的研究型大学，哈佛大学即是其中的典型代表。❷作为哈佛大学最晚成立的一个学院，肯尼迪学院成长为该校最重要的智库孵化器之一。自20世纪60年代涉足智库领域至今，在半个世纪的时间里，肯尼迪学院孕育出15个独具特色的公共政策研究机构，其中不乏贝尔弗中心、政治研究所（Institute of Politics）、公共领导中心（Center for Public Leadership）、拉帕波特大

---

❶　秦惠民，解水清. 我国高校智库建设相关问题及对策研究［J］. 中国高校科技，2014（4）：15－20.

❷　田山俊，何振海. 一流大学"智库群"的崛起——哈佛大学的智库建设路径及其借鉴［J］. 教育研究，2016（4）：140－145.

波士顿地区研究所（Rappaport Institute for Greater Boston）等在各自领域具有独特学术优势和广泛政策影响力的一流智库，而贝尔弗中心更是连续数年在全球大学智库排名中位居榜首。❶

肯尼迪学院在大学智库建设领域取得的卓越成就，与其对智库发展所持有的基本立场和所采取的有效举措密切相关。那么在大学智库建设历程中，学院对智库的角色及其内在职能如何定位？这些特色多样的智库又有哪些值得深思的发展举措？对上述问题的解答不仅有助于揭示肯尼迪学院成长为一流大学智库孵化器的缘由，同时对正在致力于中国特色新型智库建设的我国高校而言，也有着极为现实的借鉴价值。

一、肯尼迪学院的智库建设历程

肯尼迪学院的前身是哈佛大学 1936 年组建的"公共管理研究生院"（Graduate School of Public），起初是应著名政治学家、哈佛大学政治学系教授卡尔·弗雷德里克（Carl Friedrich）的建议，由学校设立一个专门的公共管理院系，以满足当时罗斯福政府"新政"全面实施背景下政府高级公务人员尤其是公共服务领域的政府官员的需要。学院希望能够借助政治学系、经济学系、法学院和商学院的师资，为政府培养更多优秀的官员。然而，由于当时哈佛校内对学院的办院理念、教学与培训目标等内容仍存有争议，这所学院在很长一段时期内的发展都不尽如人意，甚至促成学院成立的哈佛大学时任校长科南特在 1935 年离任时也失望地表示，"作为院际合作的尝试"，公共管理研究生院成为一个"彻底失败"

---

❶ MCGANN J G. 2015 Global go to think tank index report［R］. Philadelphia：University of Pennsylvania，2016：127.

的案例。❶ 直到 20 世纪 50 年代末，学院仍然未能在哈佛大学"树立起一个活跃且运行良好的独特形象"，"规模小，资金不足……使命模糊不清"❷。

公共管理研究生院的发展转机出现于 20 世纪 60 年代。1961 年上任的美国总统肯尼迪积极推行"新边疆"政策，对内政外交开始进行全方位改革。身为哈佛校友，肯尼迪延揽了数量不菲的哈佛学者到政府任职。❸ 新的政策形势和政府格局让学院领导者看到了机会，时任院长唐·K. 普赖斯（Don K. Price）认为，面对新的外部环境，学院必须对自身的职能定位加以明确和进一步调整，学院的工作焦点"不是要向专家们进行政府日常管理职能方面的初步培训，而是要对那些预期将走上更高岗位、负责政府项目总体方向的人施以教育，以及在借由研究来指导未来政策方面做出贡献"❶。"借由研究来指导未来政策"由此成为学院的重要职能，而这一职能的明确直接促成了学院在智库领域的建设。1966 年，公共管理研究生学院正式更为现名。同年，学院首个公共政策研究机构——政治研究所宣告成立。政治研究所的创建不但拉开了肯尼迪学院智库建设的帷幕，而且以其在公共政策研究领域迅速提升的影响力成为学院智库建设的良好范本。20 世纪六七十年代，政治研究所在纽斯达特的领导下，很快成长为声名远播全美的公共政策和政治事务研究重镇。它"将稳定的政治名流带入哈佛校园，作为一个公共事务的自由讨

❶ KELLER M，KELLER P. Making Harvard modern：the rise of America's university [M]. New York：Oxford University Press，2001：133.

❷ 同❶269－270.

❸ 史密斯. 哈佛世纪——锻造一所国家大学 [M]. 程方平，程玉红，鲜瑜，等译. 贵阳：贵州教育出版社，2006：269.

❶ 同❶270.

论中心，（研究所）扮演了堪比牛津辩论社的角色"❶。20 世纪 70 年代，政治研究所创办"阿科公共论坛"（ARCO Public，2003 年更名为"The John F. Kennedy Jr. Forum"，即"小肯尼迪论坛"），定期邀请政界、商界和传媒等领域的名人围绕焦点性公共议题发表演讲、展开辩论。直至今日，该论坛仍是哈佛大学"政治演讲、讨论和辩论的热门场所"❷。1979 年，在福特基金会提供的经费支持下，肯尼迪学院成立了"科学与国际事务中心"（Center for Science and International Affairs，1997 年更名为"贝尔弗科学与国际事务中心"）。该中心的前身是 1973 年启动的"科学与国际事务项目"，最初附设于哈佛大学文理学院，主要开展核危险与军控方面的研究。1979 年以常设机构的形式并入肯尼迪学院后，该中心迅速在美国国家安全战略研究领域产生广泛影响，并深度介入了很多重大安全事务的决策过程。直至今日，贝尔弗中心仍是肯尼迪学院乃至哈佛大学最著名的智库，在美国乃至全球安全政策和军控等研究领域持续保持着巨大影响力。进入 20 世纪 80 年代后，肯尼迪学院的智库建设开始加速，到 21 世纪初，学院已陆续成立了十余个专注于不同领域政策和公共事务研究的智库机构（见表 3 - 1）。

---

❶ KELLER M，KELLER P. Making Harvard modern：the rise of America's university [M]. New York：Oxford University Press，2001：460.

❷ KICENUIK K A. ARCO forum at IOP renamed in honor of John F. Kennedy Jr. [EB/OL].（2003 - 09 - 22）[2019 - 05 - 12]. https：//www.thecrimson.com/article/2003/9/22/arco - forum - at - iop - renamed - in/.

表 3 – 1 20 世纪 80 年代至 21 世纪初肯尼迪学院成立的智库名录

序号	智库名称	成立年份	工作主旨
1	穆萨瓦 – 拉赫马尼商业与政府中心（Mossavar – Rahmani Center for Business and Government）	1982	针对社会上公私机构对接领域中最具挑战性的问题进行研究与政策分析，通过研究与对话，寻求理论科学、实践可行的解决方案
2	住宅联合研究中心（Joint Center for Housing Studies）	1985	开展住房问题研究，帮助政府、商界和公共部门的领导者做出能有效解决城市和社区住房问题的决策
3	埃德蒙·J. 萨夫拉伦理中心（Edmond J. Safra Foundation Center for Ethics）	1986	针对政府、商业和其他专业领域普遍存在的道德滑坡问题，开展公共生活伦理的教育和研究，积极参与社会道德运动
4	肖恩斯泰因媒体、政治与公共政策中心（Shorenstein Center on Media，Politics and Public Policy）	1986	从理论和实践层面对媒体、政治和公共政策的关系进行研究，为新闻界与学界和公众搭建沟通的桥梁
5	塔伯曼国家与地方政府中心（Taubman Center for State and Local Government）	1988	致力于国家与地方治理及政府间关系研究，重点关注公共与劳动关系管理、城市建设与环境保护、教育、信息技术对政府治理的影响等领域
6	马尔科姆·维纳社会政策中心（Malcolm Wiener Center for Social Policy）	1988	努力改善卫生保健、人权、刑事司法、不平等、教育和劳动领域的公共政策和实践。
7	豪瑟公民社会研究所（Hauser Institute for Civil Society）	1997	加深和推动学者、决策者和公众对公民社会及其领袖、机构的认识与批判性思考

续表

序号	智库名称	成立年份	工作主旨
8	卡尔人权政策中心 (Carr Center for Human Rights Policy)	1999	研究、宣传和推广人权标准，加深政府对人权在公共政策制定过程中的重要性的认识
9	国际发展中心 (Center for International Development)	2000	深入认识发展面临的挑战，为彻底解决全球贫困问题提供切实可行的方案
10	公共领导中心 (Center for Public Leadership)	2000	培育下一代的领导精英；开拓领导力、公共服务和决策领域的学术前沿；汇聚一流学者开展跨学科、跨领域的公共服务研究
11	拉帕波特大波士顿地区研究所 (The Rappaport Institute for Greater Boston)	2000	通过加强学术界与公民领袖的联系，改善大波士顿地区的公共治理
12	阿什民主治理与创新中心 (Ash Center for Democratic Governance and Innovation)	2003	通过学术研究、教育和公共讨论推动政府治理和公共政策的卓越与创新

数据来源：根据哈佛大学肯尼迪学院官方网站资料整理。

20 世纪 80 年代至 21 世纪初肯尼迪学院智库数量的跃进式增长有其特定的背景。首先，就学院和大学所处的外部环境而言，20 世纪八九十年代是美国智库发展的第三次和第四次高峰期。❶ 里根政府（1981—1989）、布什政府（1989—1993）、克林顿政府（1993—2001）连续进行了内政外交方面的大规模改革。尤其是这一时期恰逢冷战走向终结和国际新格局构建的重要节点，同时 20 世纪 80 年

————————

❶ 埃布尔森. 智库能发挥作用吗？公共政策研究机构影响力之评估［M］. 扈喜林，译. 上海：上海社会科学院出版社，2010：27 – 29.

代"新公共管理"浪潮在西方国家盛行，这些因素均对美国政府（包括联邦和州）的公共政策制定提出了挑战。在这种背景下，美国社会涌现出一大批智囊机构和游说团体，智库迎来了新的发展高峰。作为美国智库的重要支撑力量，美国大学也深入介入了这场智库建设运动，哈佛大学特别是已经在智库建设领域初见成效且获益匪浅的肯尼迪学院自然不会缺席。其次，就大学内部而言，20世纪80年代肯尼迪学院的智库建设得到了来自时任哈佛大学校长德里克·博克的青睐和支持。博克在任时期，高度重视大学的社会责任问题，积极倡导哈佛大学的世俗化。而在博克看来，肯尼迪学院是哈佛校内最有可能实现其世俗化使命的机构。博克从肯尼迪学院里"看到了学术与公共服务共生的最佳的成长土壤，而这也符合他关于哈佛大学作为一个更具社会作用的大学的观念"❶。作为大学承担公共政策服务使命的有效载体，智库的建设理所当然得到校方的鼓励和支持。

肯尼迪学院的智库建设，既重视量的积累，也重视质的提升。特别是20世纪80年代以来，通过健全机制、延揽人才、拓展研究领域、开辟影响渠道等方式，肯尼迪学院的众多智库在各自专业范畴形成了巨大的政策研究优势，汇聚了数十名在美国乃至全球知名的专家学者，如外交政策专家约瑟夫·奈、经济学家劳伦斯·萨默斯（Lawrence Summers）、核武与反恐专家格拉汉姆·阿里森（Graham Allison）、移民经济学家乔治·鲍哈斯（George J. Borjas）等。这些学者奠定了肯尼迪学院智库履行公共政策服务职能的学术基础，其研究成果的影响力遍及从国防外交、全球反恐到区域经济、社区

---

❶ KELLER M，KELLER P. Making Harvard modern：the rise of America's university [M]. New York：Oxford University Press，2001：459.

治理等不同领域，为肯尼迪学院确立在智库领域的优势地位、成长为当之无愧的一流智库孵化器提供了有效支撑。

二、肯尼迪学院的智库建设策略

从 1936 年建院，到 1966 年组建第一个智库机构，再至今日培育出十余家有着广泛影响力的著名智库，肯尼迪学院的发展史向世人诠释了一个一流大学智库孵化器的成长历程。在这一进程中，肯尼迪学院也逐步探索出了较为成熟的智库建设路径。

（一）明确智库的角色定位与服务导向

对一所大学而言，智库的存在意味着什么，它应该扮演什么角色、发挥何种职能？这是决定大学智库建设成效和发展走向的首要问题。肯尼迪学院在智库建设过程中，逐步完善了对智库角色的清晰定位，并结合自身优势确立了精准而专业的公共政策服务导向，从而为智库的良性发展廓清了道路。

首先，智库是学院履行社会服务职能的有效载体。提供社会服务特别是公共政策方面的服务是肯尼迪学院的办院宗旨之一，然而在开展智库建设之前，学院在社会服务领域的建树并不显著，这也成为 20 世纪 60 年代以前制约学院发展的重要原因。20 世纪 60 年代学院在实现转型发展之际，以首个智库机构——政治研究所的组建为契机，再度明确了社会服务职能在学院发展中的定位，并将政治研究所确立为学院集中提供公共政策服务的载体与平台。借助对政府政策需求的敏锐捕捉，依靠大学母体和学院内部雄厚的学术资源以及研究所灵活高效的管理运行机制，政治研究所的政策服务优势很快得到充分发挥，迅速成为美国智库领域的知名品牌，同时也为学院带来了巨大的声望和广泛的社会关注。肯尼迪学院之所以能够在进入 20 世纪 70 年代后彻底摆脱此前的发展颓势，成为"哈佛大学在 20 世纪的后三分之一时间里最大的成功案例"❶，与学院对智库准确的角色定位以及在这种定位引导下智库功能的充分发挥不无关联。在政治研究所的示范作用下，学院将智库作为学院社会服务载体的这一定位推广到其他同类机构，使后续成立的智库在创办伊始就具有了明确的角色归属和功能分担，从而为其职能的有效发挥提供了清晰的方向指引。

其次，智库的基础职能是提供精准而专业的政策服务。作为以公共政策服务为基础职能的机构，大学智库的生存和发展必须依靠服务产品的高品质，而高品质的服务产品至少应具备两个要件，其一是服务方向的精准，其二是服务内容的专业。肯尼迪学院众多智库最终能走向一流，一个重要的内在因素即在于这些智库能够根据政府的政策需求，结合自身学术专长和研究优势，提供准确有效的决策咨询服务。前文提及的贝尔弗中心即是一个良好范例。中心成立的目的在于应对冷战时期美苏之间的核武威胁，借助学术力量为美国政府提供相应的决策依据。秉承这一宗旨，中心在 20 世纪七八十年代深入参与了美国对苏的相关决策过程，不仅集中开展了相关的学术研究和政策推演，而且还委派研究人员作为政府代表介入有关的对苏谈判和交涉活动。为了提高服务的专业程度和业务品质，中心除依托哈佛大学和肯尼迪学院强大的专业学术队伍外，还广泛延揽具有丰富外交实务经验的人士担任专兼职专家或顾问。依靠专业多元的研究队伍，中心得以为政府制定对外政策和开展外交事务

❶ KELLER M，KELLER P. Making Harvard modern：the rise of America's university [M]. New York：Oxford University Press，2001：460.

提供从决策理论到谈判技巧的全方位服务，从而确保了中心在该领域的持久影响力。同样，除贝尔弗中心以外，学院的众多智库也在其建设发展过程中有效贯彻和体现了精准服务的职能导向，为其迈向一流智库奠定了方向基石。

（二）灵活广泛的人员聘任

提供高质量的政策服务，关键在于智库的研究团队。肯尼迪学院的智库在建设和发展过程中，结合智库服务对象和领域的复杂需要，以组建背景多元交叉的研究团队为目标，逐步形成了与之相适应的智库梯队建设机制，为智库持续提供高质量的服务产品奠定了基础。

高水平研究团队的组建，前提是人才聘任机制的科学有效。在数十年的智库建设进程中，肯尼迪学院在智库梯队发展方面形成了灵活的人才聘任机制，充分满足和适应了智库政策研究工作的特殊需要。以 1986 年组建的肖恩斯泰因媒体、政治与公共政策中心为例，该中心的成立初衷是探讨并构建学术界、媒体和政府的新型关系，因此中心的研究内容和服务对象涉及上述多个领域。为确保中心研究工作的质量，除常规的学术队伍（身份上属于哈佛大学教师）外，中心还以不同形式（包括项目学者、访问学者、博士后等）聘请了大量研究人员，服务于中心特定的研究项目。如 2016 年中心聘请美国知名媒体人哥伦比亚广播公司记者鲍勃·希弗（Bob Schieffer）担任为期一年半（三个学期）的研究员。这一聘任的特定背景是，2016 年适逢美国总统大选，而鲍勃不但深谙华盛顿的政治生态，同时在其记者生涯中还面对面访问过自尼克松以来的历任美国总统，并主持过三次总统候选人的竞选辩论会。中心希望借助鲍勃的工作经验，对有关 2016 年美国总统选举的研究工作有所帮助。^❶ 类似的人员聘任几乎涉及中心所有的研究项目，据统计，自 1986 年至今，中心聘请的研究员达 270 余名，访问学者近 50 名。^❷ 而且值得注意的是，绝大部分外聘人员是由相关人士或团体以项目基金形式提供资助的，如肖恩斯泰因中心常设的学者项目有"琼·肖恩斯泰因研究学者项目"（*Joan Shorenstein Fellowship Program*）、"沃尔特·肖恩斯泰因媒体与民主研究学者"（*The Walter Shorenstein Media and De-mocracy Fellowship*）、"A. M. 罗森塔尔驻校作家项目"（*The A. M. Rosenthal Writer – in – Residence Program*）等。灵活多样的聘任机制使中心在不增加额外人员编制和经费压力的情况下吸收到高水平的研究人员，进而确保了智库的有效运转。

除聘任机制灵活外，肯尼迪学院在智库队伍建设上的另一特征是人员来源广泛，这为智库开展综合性和复杂性的研究工作提供了保障。例如，在肯尼迪学院智库建设初期，国家安全和对外关系是最早确立的主要政策研究领域。基于这一服务方向，以政治研究所和贝尔弗中心为代表的学院早期智库在组建交叉性背景团队方面进行了积极探索。两所智库的首任主任理查德·E. 纽斯达特（Richard E. Neustadt）和保罗·多蒂（Paul Doty）在任职之前本身就已经是在各自领域影响颇广的著名学者，同时也有丰富的从政经历。^❸ 在纽

---

❶ Shorenstein Center. Walter Shorenstein media and democracy fellowship［EB/OL］.（2016 – 06 – 20）［2019 – 05 – 12］. http：//shorensteincenter. org/fellowships/spring – 2016/.

❷ Shorenstein Center. Former fellows and visiting faculty［EB/OL］.（2016 – 06 – 20）［2019 – 06 – 20］. http：//shorensteincenter. org/fellowships/former – fellows – by – name/.

❸ 理查德·纽斯达特（1919—2003），哈佛大学政治学博士。20 世纪 50 年代，纽斯达特曾先后任美国白宫办公厅特别助理、康奈尔大学与哥伦比亚大学政治学教授，1960—1966 年他先后任肯尼迪总统和约翰逊总统的顾问。保罗·多蒂（1920—2011），哥伦比亚大学化学博士，美国国家科学院院士。到贝尔弗中心任职前，多蒂任哈佛大学化学系教授，还曾以美国总统国家安全事务特别助理的身份参与核武器控制方面的决策活动。

斯达特和多蒂的主持下，两所智库一方面依托哈佛大学雄厚的人才资源，汇聚了一批专业背景涵盖多个领域的学者到智库任专职或兼职研究员，另一方面还特别强调结合智库的服务内容与对象，广泛邀请娴熟于美国国内政治和国际关系事务的人士以灵活方式参与智库的相关工作。如政治研究所在成立之初就组建了包括时任美国司法部长罗伯特·F. 肯尼迪（Robert F. Kennedy）、国防部长罗伯特·麦克纳马拉（Robert McNamara）、联邦参议员亨利·M. 杰克逊（Henry M. Jackson）、《华盛顿邮报》董事会主席凯瑟琳·格雷厄姆（Katharine Graham）等在内的高级顾问委员会，为研究所的政策研究和官员培训等工作提供具体的专业指导。与此类似，贝尔弗中心在成立之后的队伍组建方面也体现出了突出多元背景和注重实务经验的特点。这种梯队特征对智库在成立后能迅速开展有较强针对性的专业研究进而在各自领域凸显自身价值起到了重要的助推作用。

在肯尼迪学院各智库现有的人才库中，来自世界各地、社会各行业领域的专兼职学者、研究员比比皆是，其中最典型的一个案例是，2014 年初，澳大利亚前总理陆克文应贝尔弗中心邀请担任高级研究员。其研究成果引起了广泛的国际反响。这一案例充分体现出肯尼迪学院在智库研究队伍建设方面的机制优势。

灵活的聘任机制和广泛的人才来源对大学智库的建设与发展极为关键。聘任机制灵活，使得智库可以超越大学内部相对稳定甚至封闭的人事架构，较为自主地延请符合智库相关研究项目特定需要的人员；人才来源广泛，适应了现代智库开展综合性、交叉性领域政策研究的现实需要。上述人才建设机制的完善，为肯尼迪学院打造一流智库提供了重要的人才保障。

（三）智库影响力实现渠道的拓展

智库建设的成效，最终要体现于其对公共政策的影响力水平。肯尼迪学院在智库建设进程中，尤为注重拓展智库影响力的实现渠道，逐渐构建起覆盖广泛、途径多元的影响力发挥机制，形成了有利于智库发声和扩音的良性平台，确保了智库影响力水平的稳步提高。综合而言，肯尼迪学院现有智库较具代表性的影响力实现渠道主要体现在以下几个方面。

首先是人员"旋转门"。所谓"旋转门"，通常是指在选举政治背景下学界与政界之间的交互性人才流转机制。在美国，智库与政府之间的人员流动已成常态，智库学者出任政府官员，以及政府官员卸任后到智库任职，都是非常普遍的现象。肯尼迪学院的众多智库在发展过程中，借助哈佛大学的品牌效应，充分运用"旋转门"的机制优势，以人员流动的形式将自身的影响力"直接渗入美国政治决策的核心，成为决策过程必不可少的一部分"❶。这其中，最典型的代表人物有约瑟夫·奈、阿什顿·卡特（Ashton Carter）、罗杰·波特（Roger Porter）等。❷这些学者大都有在肯尼迪学院相关智库与联邦政府之间交互任职的经历，而且出任公职期间所从事的工作也都与各自在智库的业务专长有密切关系。他们在学院智库的学术积累以政府职务为平台实现了政策转化，进而对美国的相关政策

---

❶ 王莉丽. 旋转门——美国思想库研究［M］. 北京：国家行政学院出版社，2010：98.

❷ 约瑟夫·奈系肯尼迪学院教授、贝尔弗中心咨询委员会成员，原肯尼迪学院院长，曾出任美国国务院助理国务卿、助理国防部长等职。阿什顿·卡特原系肯尼迪学院教授、贝尔弗中心主任，后历任美国国防部助理国防部长、常务副部长等职，2015 年起任国防部长。罗杰·波特系肯尼迪学院教授、穆萨瓦－拉赫马尼商业与政府中心研究员，曾任里根政府白宫政策发展办公室主任、卡特政府总统经济政策委员会秘书长等职。

产生了不同程度影响。如作为"软实力"和"巧实力"理论的首倡者，约瑟夫·奈的"软实力"学说成为克林顿政府外交政策的重要理论基础，"巧实力"学说则被奥巴马政府视为外交政策的战略主轴之一。可以说，借助人员"旋转门"，肯尼迪学院各个智库的学术理论和政策研究成果广泛而深入地影响到相关领域的公共决策，进而实现了学院智库影响力的有效提升。

其次是公共论坛、专题会议。组织和举办论坛、会议，是包括大学智库在内的美国智库体现自身影响力的常见形式。从大学智库的角度来看，借助论坛和会议，邀请学界、政界及相关领域的人士进行演讲、研讨，一方面可以及时和直接地了解政府决策活动、把握政策理念，便于智库研究工作的准确性和有效性；另一方面更可以通过这一平台向决策者传递智库的研究成果和政策建议，以此介入或影响政府相关政策的决策过程。肯尼迪学院的众多智库在实践中开发出了类型、层次和形式多样的论坛、会议，如前文提及的由政治研究所创办的阿科公共论坛，自1978年至今已经举办超过2300余场，受邀进行主旨演讲的嘉宾既包括各国政要、工商巨头，也包括媒体人士、学界精英等，目前已经成为肯尼迪学院甚至哈佛大学最具影响力的政策宣传平台。在贝尔弗中心，定期邀请相关人士召开专题性政策研讨会是中心的常态性工作之一，如近年来针对美国政府提出的确保核武安全的政策主张，中心先后于2010年、2012年和2014年举办了三届国际核安全峰会，共有50余个国家的代表与会。核安全峰会的连续举办，以及会议所传达出的一系列具有国际影响力的学术声音，无疑进一步巩固了贝尔弗中心在这一领域的全

球性地位，其作为美国政府核武安全重要智囊团的角色也更为显著。❶

最后是传统出版媒体与新兴网络平台。借助适当的媒介对外发布研究成果，是现代智库提升自身话语权、扩大舆论影响，进而凸显智库存在价值和影响力的重要途径。肯尼迪学院在智库建设进程中，着力培育和开发多样化的成果发布渠道，其中既包括传统的新闻和出版媒体，也包括新兴的现代网络平台，形成了多元交叉、覆盖广泛的成果发布机制。在传统领域，肯尼迪学院的智库除充分利用学术著作、期刊论文、新闻撰稿等常规形式外，还开发和建立起自己的成果发布平台，如创办期刊发布工作报告制作政策简报等。借助这些渠道，一方面智库能够及时发布相关成果和政策建议，另一方面通过吸收和发表学术同行的研究成果，也能够有效提升自身的学术关注度和影响力。以贝尔弗中心 1976 年创办的《国际安全》(International Security) 为例，该刊物经过几十年的发展，目前已成为全球国际安全研究领域的顶级刊物之一，其影响因子近 20 年来始终处于世界国际安全类期刊的前五名之列。❷ 除平面媒体外，各智库还充分利用电视广播平台，积极鼓励智库成员参与甚至主持电视新闻或政论节目，以扩大自身的宣传力度。

除传统媒体外，随着互联网的发展，肯尼迪学院还有效利用现代网络技术，积极发展新兴的成果发布平台，进一步扩大舆论宣传的影响力。如各智库大都开设了 Facebook、Twitter 等社交公众号，学院还在 Youtube 上开辟了专门的视讯频道，定期推送文字或视频简

---

❶ 方婷婷. 美国大学智库影响力形成途径分析——以贝尔弗科学与国际事务中心为例［J］. 现代教育科学，2015（1）：160－165.

❷ 同❶.

讯，同时将经作者授权的研究成果全文发布到智库官网上，便于公众浏览，此外，智库还与部分在线阅读服务商进行合作，将有关论著和成果制作成电子读物定期推送到客户端，读者可以通过各种在线终端随时随地浏览。对新兴媒体的充分利用，有效满足了更大范围内公众读者的阅读习惯，使智库成果的传播变得更为直接、快捷，舆论影响力的覆盖范围也更为广泛。

（四）智库建设与学院发展的有机统一

智库建设与学院发展的有机统一，集中体现于肯尼迪学院的智库在承担学院人才培养职能方面所发挥的积极作用。在一般观念中，智库是以研究为载体提供公共政策服务的专门机构，尽管与大学一样具有显著的学术性，但并不承担政策研究以外的职能，特别是不承担人才培养或教学工作，因此智库也被称作"没有学生的大学"（university without students）。不过，如果以此来定义大学智库，则有失准确，或至少是不全面的。大学智库有智库的当然属性，但其"基于大学"（university - based）的特点又必然为之打上大学机构的属性印记，因此，承担作为大学分支机构的相应职能也就成为大学智库区别于其他类型智库的重要特征。

在智库参与学院教育和人才培养工作方面，肯尼迪学院及其智库的表现尤为值得关注。实际上，对学院的各个智库而言，人才培养绝非附属职能，而是与政策研究具有同等地位，并且能够互为支撑、相互融通的基础或核心职能。各智库普遍将教育工作或人才培养视为自身的天然使命，如阿什民主治理与创新中心（以下简称"阿什中心"）将教育作为其三大职能之一；在贝尔弗中心为自身确立的两大使命中，"为相关领域培养未来的领袖人才"居其一；卡尔人权政策中心（以下简称"卡尔中心"）认为中心应充分发展和发挥三种能力，其中就包括教学能力；公共领导中心则宣称致力于为未来世界培养具有应对各种挑战的领导才能的优秀人才。在学院各智库对自身职能和使命的表述中，类似内容比比皆是，这也充分说明，人才培养已经内化为学院各智库的自觉使命。

在实践层面，结合肯尼迪学院设立的教育项目，各智库积极发挥自身的学术和平台优势，提供了类型、层次和形式多样的学习机会，在充分满足学院教育教学工作需要的同时，也有效履行了自身的人才培养职能。肯尼迪学院的教学工作主要有两类，一是学位教育，一是高管培训。在这两类工作中，智库及其成员均扮演了重要角色。以国际发展中心为例，该中心为肯尼迪学院的研究生设立了"午餐习明纳"、暑期实习基金、研究生工作论文等教学项目，同时该中心是学院公共管理/国际发展硕士学位项目的主要执行者。中心成员大都直接参与学位课程教学和论文指导工作，该项目现已发展成为肯尼迪学院最具影响力的硕士学位项目之一，因其起点高、难度大以及卓越的人才培养质量而在国际学术界享有盛誉。在高管培训领域，中心组织具有深厚理论功底和丰富职业经验的学者开设了相当数量的培训课程。据统计，仅目前排定的 2017/2018 学年培训项目中，由中心成员开发设计并主讲的课程就达 7 门。❶ 由于高管培训的对象多为来自世界各地的高级政务、商务人员，因而这种培训对于扩大中心及学院的影响力极有助益。不菲的学费收益（每门课程单人学费从 7600 美元到 10600 美元不等）也是学院重要的金源，为学院的可持续发展提供了稳定的经费支持。

---

❶ Center for International Development. Executive education ［EB/OL］. （2016 – 08 – 08）［2019 – 06 – 22］. https：//www. hks. harvard. edu/centers/cid/about – cid/executive – education.

不单是国际发展中心，事实上，肯尼迪学院下设的几乎每个智库机构都是学院教学工作的积极参与者。智库投身有关学院发展的主要工作，不仅是对学院发展的支持与促进，同时也成为智库自身健康发展的重要推动因素。借助参与各类型人才培养活动，智库的研究成果、政策理念得以在更广的范围内传播，其影响力甚至可延伸到国际领域。此外，通过主动参与教学活动，各智库也得以有意识地培养出符合自身需要的人才，对智库的梯队发展能够起到积极和建设性的作用。

三、肯尼迪学院智库建设的现实借鉴

在半个世纪的智库建设历程中，肯尼迪学院依托自身优势，借助科学的发展策略，培育出数量不菲的一流大学智库，成为名副其实的"一流大学智库孵化器"。在当前我国着力推进中国特色新型高校智库建设的战略背景下，肯尼迪学院成长为一流大学智库孵化器的策略选择，对我国高校探索科学有效的智库建设路径有着极为现实的参考价值。

（一）以科学的角色和功能定位构建高校智库建设的动力形成机制

教育部在2014年印发的《中国特色新型高校智库建设推进计划》对高校智库的角色和功能定位做出了明确界定，廓清了高校智库作为履行"战略研究、政策建言、人才培养、舆论引导、公共外交"等职能的特定机构的角色和功能属性。但对高校来说，智库和智库建设究竟意味着什么，是一个值得深入思考的系统性问题。一般而言，高校承担着人才培养、科学研究和社会服务三大职能，那

么作为高校的分支机构，智库在高校和高校职能领域扮演何种角色，又应该分担哪些职能？智库建设对高校发展的意义体现在哪些方面？对上述问题的解答和正确理解，将从根本上影响高校开展和推进智库建设计划的自觉程度及动力形成机制。对大学而言，其任何一类分支机构的存在和发展，无疑都必须服务于大学整体的职能属性和目标指向，智库亦莫能外。在肯尼迪学院，智库建设肇端于20世纪60年代学院发展陷于低谷之际。当时哈佛校方和学院领导层决意设立首个智库机构（政治研究所）的动机，并非要在学院发展战略方面另起炉灶，而是以政治研究所的创办为契机，为学院开展公共政策服务、培养高级政务人员等既定职能的实现提供更加有效的平台和载体。按照这一设想，肯尼迪学院对政治研究所及此后组建的一系列智库做出了清晰定位，即所设智库机构均为学院的有机组成部分，是学院职能的应然承担者；智库以公共政策研究和服务为基础，推动学院社会服务职能的顺利实现，同时以灵活多样的方式履行人才培养和科学研究等职能。换言之，肯尼迪学院开展智库建设的动力本质上来源于对学院健康与可持续发展的追求。事实上，也正是从20世纪60年代着力推动智库建设开始，肯尼迪学院才得以摆脱此前的发展颓势，在竞争激烈的哈佛校园内后来居上，成为20世纪后半期哈佛最成功的学院之一。

角色决定属性，功能廓清方向。智库在高校中的角色与功能定位应该也必须是我国高校开展智库建设要解决的关键问题。对大学来说，开展智库建设的动力绝不应仅仅源于政府政策文本和社会舆论诉求等外力的推动，而应深入高等教育发展规律和战略层面，从探索现代大学新的生长点角度，发掘智库建设的内在必要性和现实紧迫性，从而更加自觉和主动地参与智库建设。也就是说，高校只有在正确认识和准确定位智库角色与功能的前提下，即将智库视为以公共政策研究与服务为基础、以多元方式推动大学教学、科研与社会服务等职能顺利实现进而推动大学整体发展的有机组成部分，才能够切实获得主动开展智库建设的内在而持续的动力。

（二）以灵活的用人自主权提升高校智库的履职能力

与学校内其他机构有所区别的一点是，高校智库的工作重心更多地放在公共政策及相关领域，因而更加强调研究工作的外部导向和服务产品的实践性。基于这一工作特性的需要，高校智库的人员团队既应包括具有雄厚理论基础和卓越学术水平的"学理型"学者，也应包括在智库所关注领域有丰富实践经历的"实务型"人才。显而易见的是，大学自有的人才库能够充分满足智库机构对前者的需求，但对后者却往往力有不逮。因为一般来说，大学在人才准入方面大都有特定和严格的学术标准，而智库所需的"实务型"人才在很多情况下可能无法完全符合这些标准，需要智库借助其他途径加以充实，而这又必然涉及智库的用人自主权问题。

在解决上述矛盾方面，肯尼迪学院通过赋予智库更为灵活的用人权，取得了较好的效果。学院的绝大部分智库都有权根据工作需要设立类型多样的研究职位。这些职位大都具有以下特点：①目标明确、任务导向，即研究岗位有很强的指向性，一般是根据具体研究项目或课题的实际需要而设，岗位职责紧紧围绕所要完成的任务而设，便于绩效考核与问责。②人员来源广泛、标准灵活，即智库根据岗位目标和任务，得以从大学之外更大的职业范围和行业领域中广揽人才，同时不必囿于所聘人员是否符合大学一般性的师资学术标准，只要具备完成智库相关研究和服务工作的能力、素质，就有可能获得相应职位。③岗位类型多样、聘任方式多样，各智库普遍设有访问学者、博士后、合作学者、项目（或兼职）研究员，学院、智库或具体项目组均可以组织招聘，聘任时限可长可短，完全基于工作需要。④岗位经费自筹，即智库聘任人员的薪酬大都由各智库自筹，哈佛大学不负担此类人员的费用，因此并不会增加校方开支。灵活的用人自主权使智库摆脱了大学严苛的学术标准对实务人才引入造成的障碍，得以根据实际需要广泛聘任具有多元背景的研究人员，从而为智库开展更具针对性和建设性的公共政策研究、提供更富效率和更具操作性的专业服务奠定了人才基础，进一步提高了智库履行自身职能的能力与水平。

在我国，高校智库的组成人员几乎完全来源于高校母体，在现有人事体制下，智库的人才招聘、引进大都依循高校既有的标准和程序，缺乏相对宽松和灵活的用人自主权。显然，这种状况不利于智库吸收能满足特定政策研究与服务需要的实务型人才。即便有部分智库机构从高校外部聘用了少量兼职研究员，但类似职位往往是荣誉性或名义上的，由于其工作时间、工作条件和具体任务等大都缺乏明确保证和约定，因此，既不能真正收到充实和优化智库人才结构的效果，也无法切实发挥自身实务优势对智库职能履行的支持作用。单一的学术人才结构不可避免地造成高校智库研究成果带有浓厚的"书斋"气息，无法顺利地实现政策转化，其在公共政策研究领域的影响力水平也难以有效提升。对此，我国高校在人才政策方面应尽快转变将智库等同于一般性教学研究机构的观念，切实从提高智库公共政策研究能力的角度出发，在岗位设置、人才聘任、工作管理等方面赋予智库更大的自主权，支持智库以自筹经费方式广泛吸纳具有实践背景和决策经验的实务型人才，与高校的学术型人才组成优势互补的交叉性研究团队，为产出高质量的政策服务成果提供人才基础，进而有效提升高校智库的履职能力。

（三）以多元的话语方式提高高校智库的影响力水平

影响力是高校智库价值与地位的直接体现，能否将研究成果以适当方式呈现给决策者和社会公众并对之产生影响，进而转化为具有实际效果的政策举措，是考察高校智库建设水平的核心指标。肯尼迪学院之所以培育出众多的高水平智库，一方面依托的是其一流的政策研究能力和卓越的服务品质；另一方面也在于能够借助多元化的话语传播方式，促使智库将其"产品"有针对性地快速传递给需求方，同时智库还积极利用现代媒体技术，不断开发更为便捷的发声渠道，持续扩大智库成果的影响水平和覆盖范围。可以说，话语方式的多元化成为肯尼迪学院打造一流智库、提高智库影响力水平的重要保障。

相对而言，当前我国高校智库在探索多元化的话语方式、扩大智库影响力实现途径方面仍有较大的改进空间。受传统研究习惯影响，绝大多数智库及其成员依然倾向于循用"学院式"的成果发布渠道，如出版学术专著、发表期刊论文等。不可否认，传统的学术成果发布机制对智库而言确有其必要性，但这种机制的受众群体有明显的专业性或小众性，其影响的群体往往限于特定领域，无法充分满足智库履行政策建言、舆论引导、公共外交等基础职能的需要。

有鉴于此，我国高校在推进一流智库建设过程中，应基于职能需要积极探索符合现代信息传播规律的话语发声途径。比如，从便于政策建言的角度，智库应认真分析和充分把握我国现有党政领导系统的成果呈报渠道，及时将符合咨政建言特征、易被决策者关注和思考的成果递送至相关部门，避免出现精心准备的成果无人问津或被束之高阁的尴尬现象；从加强舆论引导的角度，智库应综合运用平面媒体以外的其他传媒方式，如建设更具亲和力的网站并及时上传和更新研究成果、组织智库成员制作或参加电视新闻专题节目、利用网络社交平台（微信、微博等）发布信息或时事评论等，让各年龄阶段、各行业阶层的社会大众都能够从其所熟悉的渠道听闻智库的声音；从开展公共外交的角度，政府和高校均应为智库开展国际交流和合作提供相应的便利政策，智库自身也应充分利用所在高校的国际交流平台，通过互派访问学者、共设合作项目、召集多边论坛等形式开展全方位、常规性的民间学术交流，使高校智库成为在国际舞台上发出中国声音、传播中国价值、树立中国形象的重要角色。

（四）打造智库与高校发展的"命运共同体"

对于高校智库而言，高校是其孕育、生存和发展所依赖的母体；对于高校而言，尽管智库相对其他机构有一定的特殊性，但本质上仍是高校的有机组成部分，智库的建设和发展应该也必须服从和服务于高校总体的目标与价值取向。现实中似乎存在这样一种倾向，即认为，高校智库应比照其他类型的智库，摆脱或超越高校一般性的职能范畴，专门从事特定的公共政策研究和服务工作。这种倾向不无偏颇，因为高校智库虽有一般智库的职能属性和功能特征，但本质上仍是高校的内设机构，其运行模式、组织结构、管理机制、人员构成以及所处的体制生态与一般智库多有差异。在忽略或无视这种差异的前提下以一般智库为参照来规约高校智库，本身就陷入了先天的认识误区。

　　事实上，从高校智库建设的国际经验来看，国外众多一流大学智库在其崛起的进程中，大都带有鲜明的大学属性烙印和职能特征。以肯尼迪学院为例，学院各智库既是公共政策研究和服务的承担者，也是学院人才培养和科学研究的实施者；智库成员往往扮演多重角色，他们一方面围绕公共议题开展广泛的应用研究，另一方面也积极参与学院正常的教学和学术活动。多重角色的互为支撑与共存互融，促成了智库与学院的同步发展，使肯尼迪学院成为构建智库与高校"命运共同体"的范本。

　　对我国而言，高校在开展智库建设过程中，亦须摒弃视智库为"高校特区"的认识，而应将智库作为高校职能的综合提供者，积极发挥智库在培养复合型人才和开展综合创新研究方面的平台优势，促成智库与高校母体的有机融合，在推动中国特色新型高校智库建设的同时，同步实现高校母体的健康与可持续发展。

斯坦福大学的智库建设

——以胡佛研究所为案例

　　胡佛研究所是"胡佛战争、革命与和平研究所"的简称，是美国最早的大学智库，在 2015 年全球大学智库排行榜中名列第 4 位。

　　1919 年，胡佛出资成立胡佛研究所，其主要任务是分析第一次世界大战（以下简称"一战"）爆发的原因以及揭示战争的后果。在初创时期，胡佛研究所是斯坦福大学的一个资料收集中心，主要任务是收集、整理、分类保存与战争相关的资料，并开展战争方面的学术研究。二战以后，美苏之间形成了冷战格局，美国政府对公共政策的需求急剧上升，与此同时智库行业也迅速地繁荣发展起来，这些都成为胡佛研究所从图书馆转型成智库的动因。胡佛研究所通过扩充研究人员和拓展研究领域、健全和完善其管理体制以及协调自身与大学的关系等，成功转型为智库。在转型时期，胡佛研究所以公共政策研究为主要内容，以为政府提供政策咨询和建议为目标，积极地开发研究项目并宣传和推广研究成果。20 世纪 90 年代以后，随着政府公共政策需求的拓展和智库行业之间竞争态势加剧，胡佛研究所通过创新思想、开拓新的研究领域以及完善自身体制等措施，成功进入世界一流智库行列。

在转型与发展的过程中，胡佛研究所精准的智库定位、高水平的研究人员以及与大学的互动共生等经验，都对我国高校智库的建设与发展有着现实的启示意义，值得我国高校智库学习和借鉴。

第一节　胡佛研究所的创立与早期发展（1919 年至二战）

一战的爆发给人类带来了严重的灾难，给人们的生命和财产造成了重大损失。与此同时，胡佛受到启发非常重视对战争资料的收集，并且认为研究战争的起因及后果对启发人类热爱和平具有积极的意义。随后经过商议，斯坦福大学同意为战争资料提供一个"容身之地"，于是在斯坦福大学成立了胡佛图书收集中心，就是胡佛研究所的前身。

一、胡佛研究所的创办

1919 年赫伯特·胡佛（Herbert Hoover）捐资 5 万美元在斯坦福大学校园内创办了胡佛研究所。胡佛研究所的创办有其特定的背景与动因，主要包括以下几个方面。

第一，一战爆发的原因及后果为研究所的创办提供了契机。

在一战期间，俄国爆发了震撼世界的十月革命，并且取得了胜利。1919 年社会主义革命斗争浪潮在欧洲许多国家继续高涨，欧美资本主义国家发生了多次工人罢工斗争事件。据统计，美国该年共发生了 3630 次罢工，有 400 多万工人参加。❶ 此外，美国矿工也举行了罢工。与此同时，共产主义思想在美国得到了越来越广泛的传播。在这种激烈搏斗的局势下，对美国垄断资产阶级来说，最关心的问题正是研究产生革命的原因以及防止、限制和消灭革命的手段。

一战前，胡佛在 1909 年入股了 11 家俄国石油公司，在 1912 年参与了乌拉尔和西伯利亚林区和矿区的开发工作。❷ 随后又加入了"俄罗斯 – 亚细亚公司"，该公司承包了在上述地区进行的全部矿产的勘探工作。1917 年十月革命后，胡佛购买的股票和参加的合同大部分被苏维埃政府废除，矿山也被没收。战争给胡佛带来了巨大的经济损失，因此胡佛也更加憎恨战争，他期望可以通过某种途径来使人们了解战争带来的严重后果，从而使人类更加热爱和平。

第二，胡佛的经历与思想为研究所的创办提供了主观条件。

赫伯特·胡佛出生于 1874 年，在斯坦福大学主修采矿专业，毕业后在世界各地开拓采矿事业，这使他积累了大量的财富，为他随后创办胡佛研究所提供了经济基础。1914 年一战的爆发中断了他的采矿事业，使他遭受了重大的经济损失，但是他积极投身于救助工作，帮助被困的美国人逃离战场。随后胡佛被任命为比利时救济委员会的主席，帮助受到战争和饥饿威胁的人们，这使他成为伟大的人道主义者。在此期间，他亲眼见证了战争所造成的巨大危害，自称意识到教育后代了解战争、革命与和平的历史知识的重要性。❸ 见证和记录历史，并从中吸取教训，从而推进世界的和平与发展成了

---

❶ 陈启能. 美国智库和美国社会：访美札记 ［M］. 北京：中国社会科学出版社，1987：17.

❷ DUIGNAN P. The Hoover Institution on War，Revolution and Peace：seventy – five years of its history ［M］. Stanford：Hoover Institution Press，1989：25.

❸ 高群. 智库对美国公共政策的影响——胡佛研究所参与美国公共政策分析 ［D］. 武汉：湖北大学，2013：9.

胡佛研究所成立之初的原动力。

这一时期，胡佛阅读了安德鲁·D. 怀特（Andrew D. White）的很多著作。怀特曾抱怨很多历史大事件的文献资料都没有被保存下来，这种抱怨使胡佛印象最为深刻。后来又受到怀特曾经收集了大量有关法国大革命的珍贵文件资料的影响，资料收集工作的最初灵感已经在胡佛心中形成。❶ 此时，胡佛意识到，身为救济委员会的主席需要经常与交战的国家进行交涉，而自己正处的独特位置可以收集关于一战的资料，并可以把资料保存下来供人们了解当时战争和政治变革的历史状况。因此，他在每个交战国都建立了资料收集中心，并招募相信这项工作重要性的人员来帮助完成该任务。这时，成立一个战争资料收集中心的计划已在胡佛的内心扎下根来。

1919 年，胡佛为斯坦福大学教授亚当斯（E. D. Adams）提供了5 万美元用来支持关于一战资料的收集工作，很快收集工作繁荣发展起来。但资金很快就用完了，胡佛又捐助了 10 万美元。在胡佛的带领下，资料收集小组跨越欧洲搜集战争材料。当时的斯坦福大学校长雷·莱曼·威尔伯（Ray Lyman Wilbur）十分赞赏胡佛的搜集历史文献的能力，他说："胡佛是历史的硕鼠，每留下一吨粮食，他就拿走一磅历史材料。"❷ 随着资料的大量增多（各种资料多达 4 万份），1919 年胡佛捐资 15 万美元创建了胡佛战争图书馆。他还捐献了很多的文物和资料，用来扩充胡佛战争图书馆的文献资料。

第三，斯坦福大学为研究所的创办提供了场所。

---

❶ Hoover Institution on War, Revolution and Peace. Hoover Institution on War, Revolution and Peace [M]. Stanford Calif.：Stanford University, 1963：1.

❷ 中国现代国际关系研究所. 美国思想库及其对华倾向 [M]. 北京：时事出版社, 2003：299.

胡佛是斯坦福大学招收的第一届学生，他对母校满怀眷恋之情。百万富翁的他作为斯坦福大学最富有的校友之一，经常给母校捐资以帮助其更好地发展。到1941年为止，胡佛为斯坦福大学持续捐赠达50年之久。1912年，胡佛当选为大学董事会的成员。❶ 在任职期间，他非常关心斯坦福大学的建设和发展，曾多次亲自为母校筹资，并提出了很多具有建设性的建议，如坚持教育与实际应用相结合的研究方式。

在一战期间，胡佛通过其私人关系和联合政府的许多机构收集了大量的国内外文件资料。这些资料的收集、整理和分类等工作需要专家的指导和帮助，因此胡佛向母校斯坦福大学求助，帮助他完成这项活动。斯坦福大学拥有专业的学术研究人员，并且学者们认为，这项工作具有很大的价值和意义，搜集的资料可以用于学术研究，因此愿意伸出援助之手使工作顺利完成。随后胡佛和斯坦福大学校长威尔伯（Wilbur）经过沟通和商议，决定由胡佛提供资金资助有关一战历史资料的收集活动，由斯坦福大学的学者组成一个资料收集团队，由历史系的亚当斯（E. D. Adams）教授带领一批青年学者前往欧洲收集战争资料。

随后胡佛和斯坦福大学董事会商议决定，将收集的文献资料暂存在斯坦福大学的图书馆内。但是随着资料数量的急剧增加，它已经不再是一个特殊的资料收集活动，而已经成为一个"图书馆"。1919年，胡佛决定在母校建立一个专门的图书资料收集中心——胡佛战争图书馆。这使得胡佛研究所和斯坦福大学永远地联系在一起了。胡佛研究所可以利用斯坦福大学一流的学术资源和人才资源等

---

❶ DUIGNAN P. The Hoover Institution on War, Revolution and Peace：seventy – five years of its history ［M］. Stanford：Hoover Institution Press，1989：53.

进行科研工作，而斯坦福大学也可以利用胡佛研究所丰富的馆藏资料进行学术研究等工作，因此人们希望两者之间可以形成互利互惠的关系。

胡佛研究所就是在这样的环境中应运而生的。该机构成立的最初目的在于收集与一战的形成和发展有关的历史资料和文件，因此在初期它只是一个专门的图书资料收集中心。正是这个愿景使得胡佛研究所成为有关 20 世纪政治和经济、社会和历史文档方面的最大私人存储库。

在上述诸因素的共同作用下，胡佛研究所最终得以创办。值得注意的是，从创办初期开始，胡佛就一直在思考研究所的宗旨目标及其自身价值，以及怎样使人类认识到战争的危害等问题。他向斯坦福大学董事会提交的声明中指出，"该研究所的目标是通过它的文献资料记录，再次呈现反对战争者的反战经历、愿望和呼声，并通过研究和出版这些文献记录，回忆人类维护和平的不懈努力，并捍卫美国的生活方式。该研究所不是，也绝不仅仅是一个图书馆。该研究所的宗旨是必须不断地指引出通向和平、人身自由和保卫美国制度的道路"❶。

胡佛研究所成立的早期就制定了使命和目标，在 90 多年的发展进程中，这个使命和目标也未曾更改过，一直指导着胡佛研究所的发展方向，为美国和世界的和平作贡献。

二、胡佛研究所的早期活动

创办初期的胡佛研究所，就其性质而言是典型的图书馆，因此

---

❶ Hoover Institution. About Hoover［EB/OL］.（2015－10－02）［2019－05－08］. http：//www. hoover. org/about/missionhistory.

收集相关文献资料就成为研究所成立初期最主要的工作内容。这一时期，胡佛研究所的文献搜集主要集中于一战和苏联内政外交相关的资料领域。

在一战相关文献资料的收集方面，自成立到二战，胡佛战争图书馆共收集了47万份资料，奠定了该机构在历史和学术上的地位。由于担任过救济委员会的主席，并参与了欧洲的重建，胡佛声名大振。在欧洲搜集资料的过程中，当地政府和各机构组织团体给予了很大的帮助，还把他们的资料赠予资料搜集组。斯坦福大学欧洲事务方面的专家也积极参与资料收集工作。

斯坦福大学的教授亚当斯带领团队辗转欧洲各地搜集有关一战时期的政治、经济和社会发展的资料，以及导致战争的原因及其后果的档案文件。还有各种报纸、海报和宣传册等。资料搜集小组被派到不同的城市收集资料，如1919年有关波兰的地图和表格、照片和其他数据资料的收集；美国救灾管理委员会在比利时的所有工作文件资料的收集；有关一战中美国国家红十字会援助的记录资料；布鲁克林妇女战争救济委员会关于战争孤儿的援助的资料；有关战争中宗教信仰的资料；有关军事占领地区的战俘问题的资料等；还有其他国家和地区如意大利、德国、瑞士、法国等的资料收集，可见胡佛领导的工作组的收集范围和领域是非常广泛的。1921年第一批材料几经辗转被运送到斯坦福大学，暂由斯坦福大学图书馆保存。

在巴黎和会上，胡佛研究所的代表团成员向一战的参战国索取了政府文件和资料，收集了新建国家的资料以及有关战后经济重建等各类问题的出版物，主要有各国军事方面的资料、德国官方材料的停战协议与和平谈判协议、代表团在巴黎和会上的政治宣传、最高经济委员会的报告、赔偿委员会的文件和一些调查报告等。❶ 此外还收集了其他方面的资料，如美国有关军备限制的会议文件、在伦敦召开的货币和经济会议的文件、泛美联盟的特殊中立委员会的文件资料、国际劳工联盟和国际法庭的文件等。

在关于苏联内政外交的资料搜集方面，胡佛研究所在当时是苏联境外关于苏联资料最大的储藏地。据统计，截止到二战，胡佛研究所图书馆有关苏联的专著共有 30 万卷，另有期刊 4230 种，报纸900 种，此外还有很多档案和手稿（关于苏联和东欧的档案约有1000 种）。❷

1920 年菲舒尔（Fisher）和同事在东欧搜集到了很多关于沙皇俄国及其原属省份的资料，包括书籍、报纸、私人日记、政府报告和档案文献等。胡佛研究所收藏的珍贵资料涵盖了 1861 年后的沙皇俄国历史、1917 年的临时政府时期以及临时政府驻外使节的报告、十月革命的资料等。还有关于布尔什维克党内反对派的资料，如有关托洛茨基的文件，这些资料在苏联或是被禁的或是缺乏的；在1917 年苏联第一次公开发行的《真理报》只有胡佛研究所有收藏。总而言之，可以说，从帝俄时期（主要是 20 世纪）到临时政府时期再到苏维埃政权时期，各个阶段所有重大问题的资料都有所收藏。

另外，其他资料包括关于俄国革命运动和德国革命运动、议会辩论实录的收集、比利时救济委员会的记录（1914—1919 年）、美国救灾管理在欧洲工作的文件（1919—1924 年）、20 世纪英国工人

---

❶ ALMOND N, FISHER H H. Special collections in the Hoover Library on War, Revolution and Peace [M]. Stanford: Stanford University, 1940: 23.
❷ 陈启能. 美国的思想库和美国社会 [M]. 北京: 社会科学文献出版社, 1987: 41.

运动的历史和英国工会联盟的资料、美国军队参与一战的情况资料。❶ 还有一些国际组织如最高经济委员会的会议记录、一战后的外交事务理事会的议事日程和各种活动的记录文件等资料。在历史专家的指导下，资料收集工作有条不紊地进行着，资料文件的数量也迅速增多。胡佛是最早做有关战争方面的资料收集工作的，所以胡佛研究所的资料具有很高的学术价值，为后期的研究工作奠定了基础，也为胡佛研究所顺利转型为政策研究型机构创造了有利条件。

总体而言，在早期的资料收集过程中，胡佛研究所逐渐确立了资料收集的领域和主题。随着收集区域的拓宽和资料文献收集专业化水平的提高，胡佛研究所收藏的资料大量增加，这为学术研究工作奠定了坚实的基础。如果只是单纯地收集资料，不对其进行整理和分析、研究和利用，那么胡佛研究所就仅仅是一个文献资料的堆积仓库，文献资料也不能体现出其真正的价值，文献就缺少生命力。如何更好地对文献资料进行整理和分析，才能使研究人员和学者更好地利用资料进行研究，以便最终造福人类的这个问题一直困扰着胡佛图书馆的管理人员。他们努力地思考着、探寻着解决问题的方法。

在这个历史时期，国际形势更加复杂多变，政府需要一些智囊机构来出谋划策，协助政府做出更加科学的决策，因此美国国内出现了智库研究机构。智库行业的出现为胡佛图书馆指明了发展方向。资料收集活动为图书馆积累了丰富的学术资源，学者可以利用资料做研究，充分体现出了资料的学术和历史价值。这些都为胡佛研究所的转型奠定了基础。

---

❶ ALMOND N，FISHER H H. Special collections in the Hoover Library on War, Revolution and Peace［M］. Stanford：Stanford University, 1940：24 - 32.

第二节　胡佛研究所向大学智库的
转型（二战至 20 世纪 90 年代）

二战以后，纷繁复杂的国际关系使得美国政府对公共政策的需求急剧上升，致使美国智库行业迅速地繁荣发展起来，这个时期正在转型的斯坦福大学为胡佛研究所的转型提供了"助燃剂"。为了适应不断发展变化的社会，胡佛研究所紧抓这个机遇，积极着手进行内部调整，开始从图书馆向智库方向转型与发展，逐渐从一个专门的图书资料收集中心向专攻公共政策的研究机构过渡和转变。

一、胡佛研究所向大学智库转型的背景和动因

首先，冷战格局下美国政府公共政策旺盛的需求为胡佛研究所向智库的转型提供了外部环境。

二战之后世界政治和经济局面的演变，加上为争夺世界霸主，美国和苏联在冷战时期形成了对峙格局。对峙格局的形成使冷战时期的策略需求成为美国对外政策的重要转折点，因而美国智库进入快速发展时期。面对国内外的各种社会压力，美国政府希望通过高水平的政策研究来维护其在世界上的霸权地位，因此招募了研究人员进行科学研究，并资助建立了如兰德公司等政策研究性机构。为了遏制所谓的"共产主义扩张"，美国政府招募学者进行对外政策研究，塑造健全的美国政策。在此期间，智库的形成和发展迎合了美国国家的政治导向和需求，从此智库开始蓬勃发展。

为了使美国更好地了解当时的国际关系，胡佛是致力于发展智

库和研究机构（如外交关系委员会）的先驱人物之一。因为他想把胡佛图书馆建设成一个基于史实的研究中心，为解决社会政策问题而出谋划策，所以开始招募少量学者利用其丰富的档案文件资料进行研究工作。到20世纪40年代末期，鉴于国际形势的变化和美国国内政策的需要，胡佛最终决定把研究中心转型为研究机构，确保能够在冷战时期为国家提供政策建议，使政府的决策更加全面和科学化。国际关系和社会关系的复杂变化为胡佛图书馆的转型作了背景铺垫。

其次，二战后美国智库的大繁荣为胡佛研究所向智库的转型提供了契机。

美国早期已经有了少数的私立研究机构，但在二战后智库如雨后春笋般蓬勃发展起来，例如卡内基国际和平研究所，它以"促进国家之间的合作以及美国的国际交往"为宗旨，研究领域偏向于国际主义和多边主义，主张军备控制、接触谈判和国际合作等，发表政策研究报告，以影响政府政策的制定和决策。布鲁金斯学会为美国政府提供战后经济建设的政策建议，为州政府的行政改革提供建议等，还研究国际政治以及美国的外交政策等，旨在充当学术界与公共政策之间的桥梁，向决策者提供最新的信息，向公众提供有深度的分析和观点。著名的马歇尔计划的成功实施使美国乃至全世界对布鲁金斯学会刮目相看。兰德公司的主要研究领域有国际关系、互联网技术、国家安全以及军事武器等。它通过大量的资料数据分析精准地预言了朝鲜战争的结局，这使得兰德公司一鸣惊人。随后它又准确地预测了苏联第一颗人造卫星的发射时间，更使名声远扬。这些智库都是在二战后才发展成为专门的政策研究型机构，旨在为政府决策提供智力参考。二战后的政治和经济需求给智库的发展提供了一个黄金时期，迅速发展起来的智库走在了整个智库行业的前端。

二战后智库行业繁荣发展的景象刺激了胡佛，使他看到政策研究型机构的光明前景。他设想胡佛图书馆不仅可以利用资料做学术性研究，而且还可以做政策性研究，于是积极地为胡佛图书馆开发资源、寻找和签订政策研究项目，以期改变胡佛图书馆在国内的地位和声誉，逐渐引导胡佛图书馆转型为智库研究型机构。在胡佛的引领下，胡佛图书馆开始为实施转型打基础，如招聘研究人员、筹集资金等。

最后斯坦福大学与胡佛研究所内部因素的驱动为其向智库的转型提供了直接动力。冷战时期的政治、经济对大学的社会职能方面和教学科研方面都有很大的影响，斯坦福大学也不例外。随着冷战政策的实施，政府资助的科研领域发生变化，大学也跟着开辟了新的研究领域，如核工程、电子工程和学术研究等。这些研究领域都与国家的地缘政治有关。

随着斯坦福大学的社会服务职能的转变，以及对社会现实问题的关注，使其加强了对基础科学如航空工程的研究。斯坦福大学也开始参与联邦政府的研究项目。斯坦福大学抓住了战后联邦政府支持政策研究的机会，并且积极与私企建立项目合作联盟来解决大学的财政问题，与联邦政府和私企密切合作开发军事项目使其转型为冷战大学。❶ 这个转型使得斯坦福大学从此获得了学术声誉和全国性的影响力。

位于斯坦福大学校园内的胡佛研究所也受到了影响，胡佛当时

---

❶ 洛温. 创建冷战大学——斯坦福大学的转型［M］. 叶赋桂，罗燕，译. 北京：清华大学出版社，2007：86.

还是斯坦福大学的董事会成员，经历了大学的转型。这时胡佛意识到应该使胡佛图书馆更加了解美国以及国际的动态，善于处理外交事务，为塑造健全的美国政策贡献力量。他认为胡佛图书馆也应该顺应时势以谋求发展，这更加坚定了他的信念——把胡佛图书馆转型为政策研究型机构。胡佛开始积极地对外"推销"胡佛图书馆，为开展研究工作做铺垫。另外，胡佛任命格伦·坎贝尔为所长。坎贝尔所长想方设法地开拓研究项目并增加预算等，对胡佛研究所的转型起到了推动作用。

二、胡佛研究所向大学智库转型的主要举措

第一，确立智库建设的宗旨与目标。

在转型与发展的过程中，胡佛研究所在原来宗旨和目标的基础上又增加了新的目标，即研究所继续收集国内外有关政治、经济和社会变革的档案资料，掌握必要的相关知识，并分析和理解这些变革的原因和结果。分析与公共政策有关的政府行为及其影响，宣传和推广其政策思想和观点，促进积极政策的形成和制定，将概念性的学术见解转化成能够造福于社会的实际性的政策举措。向公众、媒体和立法者等传播对公共政策问题的认识和理解的重要性，推进富有意义的对话，使研究所成为"一个有积极影响的思想贡献者"❶。

胡佛研究所收集的大量资料为政策研究提供了重要的数字信息和文本内容，借助这些资源，研究所提出了很多颇具建设性的政策建议，为美国公共政策的制定与实施提供了极大的帮助，迎合了社

---

❶ Hoover Institution. About Hoover［EB/OL］.（2015－10－02）［2019－05－08］. http：//www. hoover. org/about/missionhistory.

会和历史的发展趋势。胡佛研究所通过汇集知识、提供建议，致力于寻求确保世界和平、改善人类环境和保障个人自由的方法和途径。

第二，协调与大学的关系，确定相对独立的地位。

在威尔伯校长正式接受并同意把胡佛团队收集的战争资料作为斯坦福大学图书馆里的一个独立图书馆后，胡佛收藏中心开始在斯坦福大学运作，随后大量的资料文件被运送到了斯坦福大学。

随着资料的迅速增多，胡佛认为他的收藏应该作为一个单独的实体机构存在，而不是分散在斯坦福大学的图书馆里。他担心普通的图书馆收集工作和规则化的处理程序会限制其资料收集的类型和范围。然而乔治·T. 克拉克（George T. Clark）馆长认为，只有教师和学生需要的资料才应该被购买和收集，这样才能实现资料的价值最大化。与此同时，他还想通过限制胡佛图书馆的独立权等措施来控制并接管该图书馆。他的观点和举动更使胡佛为资料收集工作的前途忧心忡忡。最终胡佛研究所和斯坦福大学的关系出现了裂痕。

随后，斯坦福校长华莱士·斯特林（Wallace Sterling）出尔反尔，在未征得胡佛同意的情况下擅自任命研究所的主任，彻底激怒了胡佛。他撤回了自己的捐赠，终止了为斯坦福大学组织的募捐运动。1959 年斯坦福大学迫于各方面压力，其董事会宣布胡佛研究所是斯坦福大学框架下的独立机构，拥有自己的董事会和各项提名权力，不再受控于斯坦福大学。这项长达 40 年的权力争夺战以胡佛研究所的胜利而告终。

自此以后，双方经常共同举办学术活动和开展研究项目等，胡佛研究所的资料文件使斯坦福大学的师生受益匪浅。例如斯坦福大学的很多国际研究项目都是以胡佛研究所的资料为基础的。胡佛研究所依托斯坦福大学的优势学科，开展特色研究项目。胡佛研究所在确保其相对独立地位的同时，与斯坦福大学逐渐发展成为互利互惠的双赢合作关系。

第三，健全组织架构，完善智库管理体制。

胡佛研究所在转型与发展过程中，逐渐成立了行政管理部门、理事会、咨询委员会、常务委员会和图书档案委员会等，每个部门都各司其职，协调工作。这些部门为胡佛研究所成功转型成大学智库打下了坚实的基础。

行政管理部门主要负责推荐任命人员和监督研究所的工作人员等；指导和监督研究所的图书馆职能，包括收购、处理和编目、资料的使用和安全、以及参考资料等；指导和监督研究所的研究项目和出版计划等；编写和管理研究所的年度预算等。❶ 后来，胡佛和管理者想方设法通过使图书馆的行政管理独立，来确保其能够顺利转型为研究机构。到 1960 年为止，相继有 5 位学者担任该部门的主任。主任的任职人选不再受斯坦福大学的控制。在此期间，研究所成立了 10 个研究项目，学术研究成果也显著增加。

理事会主要负责研究所的运行和管理工作，贯彻实施研究所的纲领、协调研究所的复杂关系等。例如胡佛研究所的独立决议声明就是由理事会制定的。随着资料占有权的争夺等各种矛盾的不断增加，胡佛研究所与斯坦福大学经过了激烈的抗争，最后斯坦福大学董事会决定研究所的理事会只向斯坦福大学董事会汇报工作即可，不再向大学的历史系或大学图书馆重复汇报工作。胡佛研究所逐渐使理事会成为独立机构，获得了研究所的管理权力。理事会获得权力为胡佛研究所独立于斯坦福大学的图书馆奠定了基础。随后，斯

---

❶　Hoover Institution on War, Revolution and Peace. Hoover Institution on War, Revolution and Peace [M]. Stanford Calif. : Stanford University, 1963: 12.

坦福大学妥协，使胡佛研究所成为斯坦福大学的一个独立部门，拥有了自身的管理体系和运行机制。

咨询委员会由 56 名成员组成。委员会把任命等权力从斯坦福大学董事会逐渐转移到了胡佛研究所，并使得胡佛研究所在冷战时期成为影响国家政策的真正学术领导者。胡佛研究所脱离斯坦福大学独立后，在 1958 年成立了常务委员会，负责监督研究所的运行。内部的管理体系使研究所的各项工作有序运行，使研究所的管理逐步规范化和系统化。胡佛研究所不断地调整和完善其组织结构，为转型为政策研究机构做好了充足的准备。

图书档案委员会主要负责资料的收集、归类、保存和利用等工作。虽然胡佛研究所致力于转型为研究机构，但是从来没有停止对资料的收集。如果只是大量收集资料而不充分利用，就不能体现资料的价值。而胡佛研究所档案馆的很多私人档案只是暂存在研究所，研究所对捐赠的资料没有所有权。于是图书档案委员会决定在开放资料供给学者使用的同时对资料加以限制（例如不能大量地复印文献资料），来维护捐赠者的权益。通过保护档案所有者的利益来建立研究所的信誉，使更多的捐赠者把档案资料存放在胡佛研究所，这是一个很明智的做法。例如珍贵的蒋介石和蒋经国的日记、宋子文的档案等现在都存放在胡佛研究所。因此胡佛研究所档案馆收藏的有价值的资料越来越多，受到国内外学者和学术研究机构的关注。

第四，扩充学者队伍，开展公共政策研究。

在 20 世纪 40 年代末期，胡佛研究所才开始招募各领域的学者利用这些丰富的档案文件资料来进行政策研究，工作重点也从学术性研究转移到政策性研究上。50 年代美国成为超级大国，为了遏制所谓的"共产主义扩张"，美国推行了冷战政策。胡佛研究所招募了一批学者，主要集中研究共产主义和冷战战略问题，成为研究冷战和培养冷战学者的重要基地，例如所长格伦·坎贝尔（W. Glenn Campbell）主要从事共产主义的研究。60 年代以后研究所逐渐扩大研究范围，增加了对美国国内外形势和政策的研究。研究所又招募了一批学者做研究。

自 20 世纪 40 年代到 80 年代为止，工作人员从 30 人发展到 175 人左右，其中研究员、学者达八十多人，大多是前政府的重要官员、知名学者、教授等。如著名哲学家西德尼·胡克（Sidney Hook），社会学家西摩·马丁·利普塞特（Seymour Martin Lipset），研究苏联军事战略的专家小约瑟夫·D. 道格拉斯（Joseph D. Douglass, Jr.），外交政治问题专家罗伯特·康奎斯特（Robert Conquest），前任国务院、司法部和兰德公司顾问罗杰·斯韦林格（Rodger Swearinger）等。胡佛研究所利用其丰富的馆藏资料、宽松自由的研究氛围以及多样化的研究经费等优势，吸引了众多的优秀人才，迅速地建立了一个世界顶尖的研究队伍，为开展政策研究打下了坚实的基础。

研究人员主持的政策研究项目主要有：共产国际的历史研究，苏联共产主义研究，纳粹占领时期犹太人与波兰的关系研究，美国对待非洲问题的政策研究，南非的民族主义政党研究，德意志帝国的国会调查委员会研究，1933 年苏联对德国纳粹党的政策研究；美国对外经济政策：政治和经济的联系，公有化工业在意大利经济发展中的作用研究，军备控制和国防研究，苏联对全球核冲突的态度，美国对外情报工作的前景，外援与第三世界，美国的对外经济政策，世界能源等。随着研究项目和成果的增多，胡佛研究所的学术声誉也逐渐提高了。

第五，扩大经费渠道，建立智库运行保障机制。

在美国，很多大公司、企业和个人都积极支持学术研究工作。美国法律规定征收联邦遗产税，最高税率可达55%，这诱使富人进行财产捐赠（捐赠是免税的，税收政策上的鼓励行为）。美国特有的捐赠文化氛围和捐赠事业支持着美国的教育事业和其他公共事务等。

胡佛研究所的经费主要来自私人、基金会和公司等的捐助。截止到1966年，过去的25年内斯凯夫家族共捐资2000万美元用于各种学术研究和其他活动，例如图书的收购、研究项目的奖学金、卢亨利·胡佛建筑物的建设基金等。1947—1951年卡内基基金会共捐资38万多美元，其中18万美元用于为期3年的国际关系研究，剩下的资金用于国际关系的变革与发展项目研究。[1] 1947年洛克菲勒基金会捐资20万美元，作为斯拉夫研究的奖学金；劳拉·斯佩尔曼洛克菲勒纪念馆捐资成立了德国革命研究中心和俄国革命研究中心；美国救灾管理机构共捐资25万美元，用以搜集和维护自己的文件资料，资助研究和出版该机构的资料，后又捐助建筑物的建设基金；1957年胡佛研究所接受了联邦政府资助的区域研究项目等；还有胡佛的其他好友的慷慨资助（如1949年弗雷德捐资15万美元）等。[2]

各个财团的经费资助能够保障研究所的正常运行，使得胡佛研究所的收集工作和研究方向呈多样化发展，并且逐渐向公共政策方面转变。这些都积极促进胡佛研究所向政策研究型机构转型，以谋求自身的更好发展。

---

[1] Hoover Institution on War, Revolution and Peace. Hoover Institution on War, Revolution and Peace [M]. Stanford Calif.: Stanford University, 1963: 15.

[2] DUIGNAN P. The Hoover Institution on War, Revolution and Peace: seventy-five years of its history [M]. Stanford: Hoover Institution Press, 1989: 23-26.

三、转型时期胡佛研究所的主要智库活动

第一，充分发挥史料优势，开展特色化的区域研究。

在转型的过程中，胡佛研究所的资料收集工作从未间断过。1945 年哈罗德·H. 菲舍尔（Harold H. Fisher）开始组织实施收集当时中国和日本资料的项目。他还设立了资料收集的三条原则：有关战争主题，收藏将集中于"战争的起因和结果"；有关革命主题，收藏将集中于"各种形式的革命运动"；有关和平主题，收藏将集中于"国际关系的全部领域：政治、经济和文化层面的以及和平组织"。❶随着年度预算的增加，开展了特色化的区域研究，主要的研究区域包括由理查德·F. 斯塔尔（Richard Starr）负责研究的苏联和东欧、由艾尔弗雷德·格罗塞（Alfred Grosse）负责研究的西欧、由彼得·杜伊格南（Peter Duignan）和 L. H. 甘恩（L. H. Gann）负责研究的非洲与中东、由马克·福尔考夫（Mark Foerkoff）负责研究的东亚和拉丁美洲。并且扩大了对亚洲、远东等地区的资料收集工作，尤其是拓展了对中国的资料收集和区域研究。

据统计有关中国资料收藏约有 13.8 万份专题材料，还有约 2.8 万卷的缩微胶卷。中国资料主要包括政府文件、报纸期刊、商业统计报告和二战后中国与美国的关系等，内容涉及中国的政治经济、金融法律和其他方面。胡佛研究所收藏的资料中比较珍贵的是关于中国共产党历史发展的资料，这些材料主要收于《中国共产主义运动（1921—1937）》和《中国共产主义运动（1937—1949）》两本书中，其他的编排在《胡佛研究所缩微胶卷》和《亚洲（材料）补

---

❶ 袁征. 登上胡佛塔［M］. 北京：中国青年出版社，2002：135.

遗》中。❶ 此外还有一些 1949 年 10 月前学生运动的资料、教会在华活动情形的资料、一些个人档案资料以及国民党政府时期的材料等。胡佛研究所收藏的有些文件资料（如中华民国时期的资料）是中国都没有的，可见其资料是很有学术价值的。

胡佛研究所的大部分资料是免费的、开放的，世界各地的学者都可以来这里查阅资料做研究。胡佛研究所通过馆际互借合作和扫描复印资料等服务，为不能来到研究所的研究人员提供文献资料服务。研究所还提供免费的参考咨询服务，安排专门的咨询员解答各种问题。这些措施使得其他研究机构引用胡佛研究所的资料量迅速增加，研究人员发表文章或出版著作只需要指出资料来源于胡佛研究所即可，很多书籍都提到了使用研究所的资料情况并且感谢其提供的服务。例如威廉·夏勒（William L. Shirer）撰写的在 1959 年出版的世界最畅销的、最具权威的反映纳粹德国历史的《第三帝国的兴亡》就是在查阅胡佛研究所档案馆资料的基础上完成的。

到胡佛研究所做学术研究的学者大部分都是自费，考虑到文献资料的巨大价值和利用率，胡佛研究所通过提供奖学金和差旅补助费的方式帮助更多的学生和学者到研究所利用资料做学术研究工作。胡佛研究所希望通过鼓励和协助各领域的学者做学术研究，用以促进知识的传播，使公众尽可能全面地了解这个时代的问题以及解决问题的办法和措施。因此，胡佛研究所不仅有特色化的研究而且有人性化的服务。

第二，积极争取研究项目，努力产出高水平研究成果。

这个时期的研究项目分为国际研究和国内研究两个部分。国际

---

❶ 袁征. 登上胡佛塔 [M]. 北京：中国青年出版社，2002：138.

研究项目中包括苏联和东欧、西欧、非洲和中东、东亚以及一些国防安全和军事历史类等。其中苏联和东欧部分主要研究苏联政治经济和人口关系，苏联的历史文化、宗教信仰以及艺术等；西欧部分主要研究西欧历史尤其是德国近代史，英国和西欧比较政治以及英国的工会制度等；非洲和中东部分主要研究第三世界的人权和民主，美国在中东地区的外交，非洲的游击战争和革命等；东亚部分主要研究太平洋地区的经济合作，美国和日本的关系，以及日本的政治和外交关系等。❶ 国家安全部分主要是美国在北欧地区的历史和安全问题、越南战争：政策制定和道德等。1987 年由约翰·奥林基金会资助的研究项目，主要从事苏联和东欧的相关研究。

国内研究项目中包括美国政治学、经济学、社会学和公共政策影响研究等。研究内容主要有：通货膨胀及其影响，政府监管机制，收入再分配政策，有关限制联邦的税费收支，政治经济学和货币经济学，应用经济学和劳动经济学研究，反托拉斯法和经济效率研究，美国在未来世界经济中的地位，国家公共卫生政策，征兵和军队建设问题。联邦政府也委托胡佛研究所做专项研究，在 1969 年胡佛研究所建立了国家安全事务奖学金，给美国军方和政府机构的人员提供机会进行关于政府各自分支和外交实践主题的独立研究。

在 20 世纪 80 年代胡佛研究所出版了 200 多本书籍和专著，都是高质量的研究著作。如《低税收、简单税和单一税》《八十年代的美国》《思考美国：20 世纪 90 年代的美国》《美国的外交政策》和《国际主义的象征》等。高水准的研究成果也为胡佛研究所争取更多的研究项目提供了大力支持。

---

❶ DUIGNAN P. The Hoover Institution on War, Revolution and Peace：seventy‑five years of its history［M］. Stanford：Hoover Institution Press，1989：98 – 105.

第三，助力总统选举，打造智库品牌。

胡佛研究所由图书馆转型为知名智库，发生在里根总统的竞选和当选阶段。胡佛研究所为里根总统竞选提供智力支持，使得其真正成为公共政策研究方面的学术中心。胡佛研究所的所在地加利福尼亚州是里根的家乡，同时里根担任该州的州长，而且里根和坎贝尔是很好的朋友，所以里根经常访问胡佛研究所，听取和咨询有关国内和国际形势的分析和建议。并且他把自己的工作文件和资料捐献给了胡佛档案馆，随后里根成为研究所的荣誉研究员。这种关系促使里根对胡佛研究所倍加青睐，也更加重视研究所的政策建议。

在里根执政期间，胡佛研究所的很多研究员在政府内阁任职，主要的人员有马丁·安德森（Martin Anderson）担任国内政策首席顾问；理查德·斯塔尔（Richard Starr）担任美国武器控制和裁减军备署的顾问；安娜丽丝·G. 安德森（Annelise G. Anderson）担任行政管理和预算局副局长；理查德·艾伦（Richard Allen）担任国家安全事务顾问；托马斯·索韦尔（Thomas Sowell）担任经济政策顾问委员会成员；彼德·达尼根（Peter Dunigan）担任对外政策顾问。这20多个研究员分散在各个部门，为里根政府提供政策理论和主张，起草各种政策研究报告，如怎样制定能源政策、改革社会福利制度以及如何维持国际关系等，通过这种方式促使胡佛研究所的政策思想从理论探讨转化为现实文件，供政府参考与使用。

1980 年胡佛研究所出版的《八十年代的美国》一书中提供的战略和政策建议成为美国与苏联之间外交关系的政策指南。本书的内容涉及能源政策、武器控制、遏制苏联的政策以及美国对亚非拉各地区的具体政策研究等。该书认为在 20 世纪 80 年代美国早期的政策主张，将决定美国和苏联之间的胜负问题，除了要加强军事武器力量外，还应该对苏联的政治和经济加以压制，以遏制苏联向外扩张的势头。在竞选总统时，里根曾购买了52本，发给他的幕僚作为制定政策的参考。截止到1981年2月底该书已经5次再版，由此可见它的普及程度很高，以及胡佛研究所对美国当时政策的影响力非同一般。

胡佛研究所帮助里根赢得总统大选，使其在政治界的智囊顾问团里崭露头角，成为智库行业中的"一颗冉冉上升的、光亮的明星"。这时胡佛研究所已经基本转型成智库，此后它迅速地发展，成长为在公共政策方面具有一定的影响力的研究型智库。

第四，开辟智库与政府间的人员流动渠道，扩大智库的政治影响力。

胡佛研究所的研究员或在政府任职或受邀参加国会，使胡佛研究所的政策思想和研究成果更加顺利地被美国决策层的首脑运用到现实社会中，从而实现胡佛研究所的政治影响力。

每届政府换届上台都会有胡佛研究所的研究人员到政府任职或受邀参加国会会议，如尼克松政府和里根政府。在尼克松政府时期，杰出的研究员乔治·舒尔茨（George P. Shultz）在1969—1970年间担任劳工部长，在任职期间调解了多起劳资纠纷，劝说劳工支持白宫为对付通货膨胀而放慢经济的政策；在1970—1972年间担任行政管理和预算局的主任，参与制定了尼克松的新经济政策；在1972—1974年间担任财政部长，1973年他出席在巴黎召开的国际会议，这次会议取消了固定汇率制度，允许汇率自由浮动。❶ 他为此做了很大的努力，因此登上了《时代周刊》的封面。杰出的访问学者亨利·

---

❶ Hoover Institution. About Hoover［EB/OL］.（2015 – 10 – 09）［2019 – 05 – 08］. http：//www. hoover. org/about/mission history.

基辛格在 1969—1973 年间担任国家安全顾问，参与制定了对苏联的缓和政策以求缓解两个国家之间的紧张关系。他还参与了限制战略武器谈判，并与苏联方面达成了《第一阶段限制战略武器条约》和《反弹道导弹条约》；在 1973—1974 年间担任国务卿，在中美外交政策中发挥了中心作用，促成了新战略性的反苏中美联盟的形成。

在里根政府时期也有很多研究员担任职务，如杰出的访问学者埃德温·米斯三世（Edwin Meese III）担任总统顾问和司法部长、高级研究员约翰·邦泽尔（John Bunzel）担任美国民权委员会委员、著名货币学派经济学家米尔顿·弗里德曼（Milton Friedman）担任经济政策顾问委员会成员、乔治·舒尔茨（George P. Shultz）担任国务卿（1982—1989 年）等。舒尔茨在任期内推行里根政府的"以实力求和平"政策，推动美苏恢复进行裁军会谈和进行首脑会议；在核武器削减问题上取得进展，并促成《美苏中导条约》的达成，这是美苏历史上第一个真正削减核武器的条约；在提出美国新中东政策方面起了重要作用。他还支持里根出兵格林纳达和空袭利比亚（黄金峡谷行动），主张重视中国的作用，推动美国政府放宽对华出口高技术的限制等。这些研究人员在政府部门的任职传播了研究所的政策思想及研究成果，同时他们与政策决策层保持着良好的关系，也向胡佛研究所传达了政府最新的政策动向。

每年都有很多访问者来胡佛研究所参观，如政治领导人、政府官员、商人和记者等。1975 年亚历山大·索尔仁尼琴（Alexander Solzhenitsyn）到胡佛研究所参观，并利用资料做学术研究，随后成为该所的荣誉研究员。1983 年吉米·卡特（Jimmy Carter）总统到胡佛研究所参观访问，和研究人员探讨问题，向他们咨询政策意见和建议等。20 世纪 80 年代末苏联领导人米哈伊尔·戈尔巴乔夫（Mikhail

Gorbachev）参观访问了胡佛研究所。胡佛研究所给参观者留下了良好的印象，在众多智库中脱颖而出，扩大了其在国内外的知名度和影响力。

从二战到 20 世纪 90 年代，在世界冷战格局的背景下，美国政府对公共政策的需求急剧上升，加之在这个时期美国智库行业的繁荣发展等，这些因素都促使胡佛研究所从图书馆向智库转型。在转型过程中，研究所采取完善自身的组织架构和管理体系，并与斯坦福大学保持良好关系，不断地扩大研究人员队伍并拓展研究领域等措施，保障研究所能够从图书馆成功转型成智库。

胡佛研究所利用馆藏资料做学术研究，其产出的高质量研究成果得到了智库行业和政府部门的认可，为美国政府制定政策方案提供科学而实用的建议。与此同时，研究所努力打造智库品牌，提升国内外的影响力。胡佛研究所成功转型成大学智库，使其在美国政府决策过程中拥有不可或缺的地位和作用。

第三节　迈向一流大学智库的胡佛研究所（20 世纪 90 年代以来）

20 世纪 90 年代以来，国际关系变得更加复杂多变，美国智库行业之间的竞争更加激烈。为了更好地适应社会形势的变化，胡佛研究所不失时机地调整其运行模式和发展方向。1991 年 12 月出版的《经济学人》杂志刊登的题为"优秀智库指南"中评论称，无论从脑力方面还是从知识方面而言，胡佛研究所都是全球最具声望的智库之一。从这里我们可以看出胡佛研究所已经从图书资料收集中心成功转型为智库，并且跻身于世界一流智库的行列中。

一、20 世纪 90 年代以来胡佛研究所智库建设的有利因素

20 世纪 90 年代以来，世界逐步进入了全球化合作与共赢的时代，国家之间应该开展国际合作以便应对全球化的挑战。例如，随着中国的崛起与国际地位的提升和影响力的扩大，美国与中国的关系在不断地变化和发展，美国应对中国的政策需求在迅速地上升和拓展，美国的很多知名智库对中国政治经济的关注度也逐渐增多。美国和中国在国际合作上的相互依存的关系，在美国智库间掀起了一场"中国热"的研究潮流。

2005 年 9 月 21 日，美国副国务卿罗伯特·佐利克（Robert B. Zoellick）在"美中关系全国委员会"举办的晚餐会上就美中关系问题发表了题为《中国何去何从：从成员到责任》的专题演讲，其中涉及有关美国对中国采取的政策时，首次公开提出希望中国成为"利益攸关方"❶。他说："美国和中国是国际体系中两个重要的利益攸关的参与者。"佐利克的专题演讲引起了美中关系专家的关注，美国智库的研究项目也在向中国方向倾斜。佐利克在担任贸易代表和副国务卿期间曾多次访问中国，并说"我相信与我的中国同事继续保持接触是很重要的"。

美国即将做出对华政策的重大战略调整成为美国智库研究领域的最新的政策导向，胡佛研究所也紧随其后，利用其收集的有关中国的资料，与复旦大学、中国人民大学、中国社会科学院、南京中国第二历史档案馆等展开合作研究，并取得了丰硕的研究成果。

---

❶ 美国副国务卿称美对华政策应转型［EB/OL］.（2015 - 09 - 28）［2019 - 05 - 08］. http://news. sina. com. cn/c/2005 - 09 - 28/07217053560s. shtml.

　　20 世纪 90 年代以来美国智库领域的激烈竞争也对胡佛研究所的智库建设起到了推动作用。众所周知，美国的智库数量庞大，且智库间的竞争也非常激烈。例如兰德公司在发展过程中，迅速扩大研究领域和业务范围，为联邦政府和其他企业提供项目结果预测和信息咨询等，并运用独创的特尔斐预测法和统计学等数量分析法评估和预测政策个案及结果。兰德公司不断的改革创新使其在智库行业占有举足轻重的地位。随着世界各国之间交流与合作的加强、依赖程度的加深，布鲁金斯学会在发展过程中坚持综合性、全面性的政策研究，研究领域扩展到社会的各个方面。为了能更好地发挥其在政策决策领域中的作用，积极地与国际知名智库交流合作以提高影响力和知名度。布鲁金斯学会更加注重国际化发展，以适应时代和社会的要求，确保学会的可持续发展。

　　在激烈的竞争环境中，胡佛研究所面临着众多智库的挑战，为了确保使其处于世界智库的领先地位，研究所积极谋求突破和发展。首先，是胡佛研究所利用其自身的特色馆藏，继续保持该所的特色研究领域。其次，是胡佛研究所注重掌握国际话语权，开展国际热点问题的研究，使研究所朝向国际化方向发展。再次，是胡佛研究所大力发展战略合作伙伴，与志同道合的智库开发研究项目、分享政策信息等。最后，胡佛研究所加强与国会的紧密联系，重视与决策领导层的对话与交流，有助于研究所获得现实主义的价值取向。

　　此外，胡佛研究所内部也对积极开展智库建设有着重要的诉求。胡佛研究所的东亚收藏馆是美国了解亚洲和中国的基地，在美国社会上具有相当大的影响力。胡佛研究所关于中国近代史的馆藏是除了中国之外收藏最为丰富的机构，美国大部分涉及有关中国的问题，都要来胡佛研究所查阅资料和咨询其研究人员。因此胡佛研究所作为美国的顶尖智库，再一次引领了政策研究的潮流。

对华政策研究成为美国智库的主流方向，胡佛研究所也加强了与中国的学术交流与合作。胡佛研究所与复旦大学的合作项目"复旦－胡佛近代中国人物与档案文献研究系列"的著作陆续出版发行，包括《蒋介石宋子文战时往来电报选》《民国人物的再研究与再评价》《宋子文与他的时代》等。胡佛研究所与复旦大学的合作交流如举办学术研讨会、人员的互相访问学习、共同研究和发表相关成果等项目一直保持到现在。例如 2012 年为加强档案的利用与研究而成立的项目"把宋子文档案数字化"、2015 年 6 月双方共同举办了主题为"宋氏家族与第二次世界大战"的国际学术研讨会等。

在 2006 年，胡佛研究所成立了"近代中国档案研究"项目，以其拥有的丰富馆藏资料为世界各国研究中国近代史的专家提供资料信息。在 2006 年 11 月，胡佛研究所派代表团访问中国，并与中国人民大学探讨建立智库机构合作项目和研究人员互派工作等事宜，双方都表达了希望在各个方面加强交流与合作的美好愿望。胡佛研究所的副所长大卫·布莱迪（David Brady）也表示希望以后能够多次访问中国，以便帮助美国政府和美国人民更好地了解中国社会的发展情况，用正确的态度对待迅速崛起的中国。胡佛研究所的管理层认为，研究所在以后的 20 年内会有很多的资源投入中国研究中。

二、20 世纪 90 年代以来胡佛研究所的智库建设举措

首先，不断拓展研究所的智库功能。主要体现在为政府决策提供服务、为政府储备政务人才、主动开展"二轨外交"等方面。

为政府决策提供服务是胡佛研究所作为智库的首要职能。托马斯·R. 戴伊（Thomas R. Dye）认为：政府高层名义上是最直接的政

策制定者，但实际上他们仅仅是把智库等机构已经制定好的政策合法化，并执行这些政策措施而已。可见智库在政策制定过程中的巨大影响力。胡佛研究所的研究人员通过受邀参加国会听证会、担任政府的外交顾问等方式，为政府决策提供智力服务。

胡佛研究所的研究人员曾被《纽约时报》评价为"国会和媒体的助手"，充分说明其政策建议对政府的重要性。胡佛研究所的研究人员通过国会听证会这种正式方式向政策制定者和人们传递研究所的政策思想，对国会的议题进行论证，提供方案可行性的依据。这种方式减少了游说和宣传的步骤和障碍，使政策成果更容易转变为现实。胡佛研究所的研究成果在 1998 年至 2008 年之间被美国国会援引 42 次。然而同属于保守派智库的传统基金会在这 10 年间被援引了 607 次。由此可见胡佛研究所虽然在国会上有话语权，但是其在国会上的影响力有待加强。在布什政府时期，胡佛研究所的高级研究员康多莉扎·赖斯（Condoleezza Rice）担任国家安全事务顾问（2001—2005 年）和国务卿（2005—2009 年）期间把研究所的一些政策成果付诸实施。2009 年卸任后其又回到胡佛研究所继续做研究。

胡佛研究所为政府决策层提供的政策建议和方案必须具有缜密性、实用性和可靠性，这样才能提高政策方案的利用率。这些方式使得胡佛研究所能更好地为政府决策服务，从而改善美国公众的生活条件和环境，同时对于提升胡佛研究所的知名度也有着很重要的作用和意义。

通过"旋转门"向政府输送人才也是胡佛研究所这一时期的重要智库职能。美国智库中的"旋转门机制"就是智库的成员在政府要员与研究者之间互相变换，使政府保持活力，智库也成为给政府培植、储备人才的地方，所以智库又称为"未来政治明星的摇篮"。

因此发达国家的智库拥有的社会能量相当大，游刃于政界、商界和学界，对政府决策、公共舆论都有直接的影响力。美国每逢遇到重大的政策决策，一般都是智库先提出建议，然后是媒体讨论、国会听证，最后政府采纳。智库的参与度是很高的，可见智库在政策决策过程中的重要性。胡佛研究所采用这种人才双向流动机制，在招募研究人员的同时也为政府换届储备人才，使知识和权力得到了充分结合。

由于美国各政党之间的竞争很激烈，所以每届总统执政时都有很多政府人员离职。而这时胡佛研究所就抓住机会，聘用离任的官员到研究所工作：一方面使他们在研究所发挥其才能和丰富的实践经验，利用他们人脉关系较广的优势，为研究所争取更多的研究项目，并参与项目工作；另一方面他们将在研究所工作的时期看成是蛰伏和学习期。胡佛研究所的学术氛围能使他们在一定程度上调整和沉淀自己，寻找和把握时机以期望重新回到决策层。

这种人员流动既能保证胡佛研究所人才的高端性，又能避免使研究所陷入纯理论研究的误区。这种机制使得胡佛研究所在为政府决策层输送人才来影响国家政策的制定与实施的同时，也提高了自身在政治界的地位和影响力。

"二轨外交"是一种特殊的外交渠道。它介于官方外交和纯民间外交之间，通过学者、退休的政府官员、非政府组织等多种渠道进行交流，达到民间友好往来以加强相互间的信任，进一步将民间成果和经验向官方外交的轨道转化，从而推动官方外交的顺利进行。美国智库凭借其非官方的身份和自身与决策层的特殊关系，在中美的国际政治关系中发挥着"二轨外交"的作用。

"二轨外交"的人才最好是和其他国家有一定联系的学者和研究

人员，同时也有一定的官方背景。例如，2006 年来华出席中美"二轨外交"对话的有里根时代的国务卿乔治·舒尔茨（George P. Shultz）与克林顿时代的国防部长威廉·佩里（William Perry）等人在从政之前是胡佛研究所的研究人员。在会议上两国的政府官员和智库学者就中美当前的热点议题进行了广泛而深刻的探讨。双方在交流讨论的过程中都掌握了更多的信息，以便为政府部门制定对外政策。

智库的研究人员作为社会精英阶层的一部分，对中美关系既敏感（他们随时跟踪和把握中国问题最新的动态）又务实（他们永远从美国的利益出发客观地面对和解决问题）。

胡佛研究所对华政策研究的学者主要有：拉蒙·迈尔斯（Ramon Myers），研究领域涉及中国的历史与经济发展等；莱曼·米勒（Lyman Miller），研究领域侧重中国外交政策、国内政治和东亚国际关系；亨利·罗恩（Henry Rowen），研究领域主要是经济、能源与国家安全；托马斯·A. 梅茨格（Thomas A. Metzger），研究领域是中国近现代史及美中关系等。胡佛研究所为美国政府提供具体的政策方案和政策主张、为政府储备和输送人才等都是开展"二轨外交"的途径。

其次，建立健全满足智库发展需要的运行治理体系。主要体现在完善行政管理、人员管理等方面。

美国智库都有一套完善的、良好的管理机制来保障自身的各项工作严谨而有序地开展。胡佛研究所是斯坦福大学框架下的独立机构，有着健全而有效的组织机制。胡佛研究所的管理和运行由董事会负责，如践行使命目标、贯彻政策纲领、制定工作规划、协调各种关系和负责高级行政人员的选拔和任命等工作。

胡佛研究所的董事会由 118 名人员组成，包括 1 名主席、2 名副主席、115 名成员。董事会成员大部分来自捐赠的个人和企业公司的高层，部分来自离任的政府高级官员、斯坦福大学的管理层和胡佛研究所的精英人士。董事会是胡佛研究所的最高权力机构，每年在斯坦福大学和华盛顿特区各开一次会议。

胡佛研究所既设置了行政机构，又配有监督委员会进行监督和检查。其中行政机构包括高级行政部门，项目发展部门，行政部门（人事部门、预算与财政、计算机服务、网络服务、特殊事务办理、设备运转和维护、通信服务），档案馆与图书馆，华盛顿特区项目，馆长。而监督委员会包括执行委员会、任命委员会、研究立项委员会、交流委员会、发展委员会、财政委员会、图书档案委员会等负责监督工作。每年都要举行定期会议讨论研究所的重大问题，保障和督促各项工作有条不紊地进行。行政机构和监督委员会的有效配合，实现了胡佛研究所日常工作的顺利运转，为研究所的健康发展提供了外部条件。

为了使胡佛研究所能更好地进行学术交流和科学研究等工作，并且为世界各地的学者和研究人员提供相应的服务，研究所还设置了相关的辅助职能部门，如胡佛研究所出版社、合作交流部门和资源开发部门等。这些职能机构都配备了专业的人员和先进的设备，使胡佛研究所的各项工作实施起来更加便利和高效。

在人员管理方面，智库影响力的大小很大程度上和研究人员的科研水平息息相关，如何吸引优秀的研究人员到胡佛研究所工作，并确保人才不流失是智库必须面对的问题。胡佛研究所招聘人员的方法有两种：一种是通过应聘者以往的研究经历和研究成果来判断是否聘用该人员；另一种是参考某个学术机构高层人员的推荐来决定是否聘用该人员。不同的招聘方法能使得研究所获得更多的优秀人才。

胡佛研究所的研究人员有常驻研究员、访问学者、卸任的政府官员、斯坦福大学的教师、实习研究生等，多样化的人员构成使得胡佛研究所的研究团队更加充满生命力。胡佛研究所的副所长理查德·苏萨（Richard Sousa）曾说："当研究人员能够选择他们自己感兴趣的专题进行研究时，当他们不被指定研究方向时，才能发挥出他们最佳的研究水平。"所以胡佛研究所鼓励研究人员按照自己的兴趣爱好和研究特长选择研究领域，实施宽松的人性化管理。

胡佛研究所不仅重视引进人才，而且关注怎样配置人才。合理的、科学的人才配置能够提高研究人员的工作效率，使工作高效而有序地进行，还能创造出更多的优秀成果。胡佛研究所的研究人员与辅助人员的比例是 1 : 2.5。这使得研究人员可以专心致志地做学术研究，而不受其他杂项的干扰，从而保证研究成果的高质量。胡佛研究所的多学科交叉人才配置模式形成了一个综合性的、跨学科的研究团队，通过人才的合理配置，提供一个独立的、不受限制的、自由探讨的研究环境，使每位研究人员都能发挥出最大作用。

胡佛研究所的研究项目常常需要团队人员合作共同完成，如斯坦福大学的教师提供理论性研究，而有丰富政治经验的卸任政府官员和该研究所的研究人员提供应用性研究，访问学者（例如媒体学者、新闻工作者等）可以推广研究所的政策思想以及研究成果等。这种跨领域的研究让研究人员形成一种互补关系，使得研究成果的"含金量"大大提高，从而使研究成果更容易被采纳和使用。研究所的研究员可以在斯坦福大学担任教学任务，而斯坦福大学的教师也可以在研究所参与研究项目；研究所在政府换届选举时为政府部门提供人才，也可以聘请卸任的政府官员来研究所做学术研究。

这样的人才交流合作机制，实现了胡佛研究所的研究人员与斯坦福大学教师之间的内部双向流动，与政府官员之间的外部双向流动，使研究所的人才资源保持活力，保证了研究成果的高品质，从而确保了胡佛研究所在政策研究领域中的核心地位。

再次，进一步扩充智库的经费来源。

美国社会的捐赠文化很发达，其原因首先是美国助人为乐的文化底蕴。《圣经》上说"施比受更为有福"。安德鲁·卡内基（Andrew Carnegie）曾说"人死富有，死而蒙羞"。美国70%以上的家庭都积极参加捐赠活动，可见美国公民的捐赠意识是比较强的。其次是美国有完善的捐赠制度，款项使用高度透明化，并且捐赠行为具有普遍性和经常性。政府制定优惠的税收政策来鼓励社会捐赠，任何企业或个人对机构的捐赠都可获得美国法律规定的免税政策。最后，胡佛研究所也积极采取措施来吸收经费，确保其能够正常运转。

胡佛研究所是一个非营利性质的政策研究机构，经费大部分来源于社会和个人的捐赠。研究所的财政目标是实现收支平衡，从而能够保证研究所高效运行和健康发展。胡佛研究所通过定期举行宴会或发送电子邮件的方式，和资助者保持良好的沟通和交流，向资助者和支持者展示最新的研究成果，及时地让他们了解到经费的用途和研究所的发展情况。例如《胡佛研究所时事通信》让研究所的资助者和支持者能够及时了解该研究所目前举办的学术活动和重要项目等。胡佛研究所向立法委员会等部门陈述政策观点，可以提升其在政策决策者眼中的地位，帮助胡佛研究所向潜在的捐赠者证明它们具有广泛的影响力，从而吸引潜在捐赠者资助，获得更多的资金。胡佛研究所还有专职的委员会为研究所筹募资金。胡佛研究所接受社会和个人的捐赠、通过与机构签订研究合同来获得经费、接受斯坦福大学的资助、接受国外的捐助如蒋经国基金会、通过自身努力如出版书籍等获得经营收入，这些收入都用来满足研究所的资金需求。

在 2013—2014 年预算收入总计 5613.3 万美元，其中源于个人捐助、基金会和公司企业资助等共计 3296.7 万美元，占 58.7%；胡佛信托基金共计 2204.8 万美元，占 39.3%；斯坦福大学捐助 66 万美元，占 1.2%；出版和各种杂项收入共计 45.8 万美元，占 0.8%。在 2013—2014 年预算支出总计 4720.4 万美元，其中科学研究和学术活动共计 2520 万美元，占 53.4%；发展交流、公共事务共计 1059.8 万美元，占 22.5%；图书馆、档案馆的运行维护和收购业务共计 601.5 万美元，占 12.7%；行政管理、设施维护、材料购买和计算机服务等共计 539.1 万美元，占 11.4%。

研究所的财政部门设有监事会，管理和监督资金的合理使用。胡佛研究所的资金大部分用于学术研究、建设和发展研究所。这使得胡佛研究所更具有国际竞争力和影响力。

最后，积极拓展智库的影响力实现渠道。

胡佛研究所的影响力是其赖以生存的根本与核心竞争力，所以提高影响力是胡佛研究所孜孜以求的目标。胡佛研究所通过开展前瞻性的课题研究以争夺政策话语权，扩大其影响力。然而开展前沿性的课题研究，需要胡佛研究所和决策层保持密切的联系和交流。这样胡佛研究所才能够掌握最新的政策动向，也是获取前沿研究领域的最佳途径。

开展前瞻性的课题研究要具有时效性和针对性。所谓时效性是胡佛研究所要"耳聪目明"，对政策问题要极为敏锐，出现政策迹象后能立刻抓住时机开发和研究该政策议题；针对性是对政策问题的本质和核心的准确把握。胡佛研究所的研究课题大多以团队小组的形式进行，研究方向主要包括个人自由和法治、民主资本主义和政治经济集体主义、美国个人主义和社会价值观、国家重点问题和国际竞争及全球合作等。目前胡佛研究所拥有的研究小组主要有能源科学与技术工作组、国内外政治工作组、个人自由和法律规则工作组、伊斯兰和国际秩序工作组等。尤其是近年来开展的有关中国的政治经济、近代人物等方面的研究项目，更为胡佛研究所增添光彩。

开展具有前瞻性的课题研究有利于胡佛研究所掌握国际话语权，能够在全世界范围内产生巨大的影响力。胡佛研究所的很多研究领域都具有国际化倾向，每年都会召开各种研讨会，聘请国内外学者参与相关国际热点问题的交流与讨论。胡佛研究所的对外交流方面也很有号召力，近年来对中国的研究和访问也逐渐加深和增多。胡佛研究所站在国际前沿的视野下进行课题研究，增强了研究所的国际竞争力和影响力。

充分借助媒体渠道，也是胡佛研究所扩大自身影响力的重要方式。胡佛研究所利用媒体、各种会议、出版物、网络平台等宣传和推广其思想主张和政策方案，扩大自身的知名度。胡佛研究所的系列片《不寻常的知识》在美国著名的"全国评论在线"上播出，据统计，2010 年观看该节目的人数约有 300 万人。胡佛研究所通过电视栏目向人们传播公共政策观点和信息。胡佛研究所为了加强和媒体的沟通，扩大其影响力，设立了"媒体成员项目"，专门为媒体工作者提供研究资助和培训，邀请一些媒体精英进行专门的公共政策研究或学习，还可以和研究人员、访问学者等进行学术交流与探讨等，使他们更加了解胡佛研究所的政策思想以及社会各阶层对公共政策的见解。美国各大杂志社和报刊社都派遣人员参加过该项目。

胡佛研究所经常召开各种学术会议以加强公共政策事务的信息交流。在胡佛论坛上举行一些研讨会和讲座，内容涉及国家安全、教育事业和社会福利等多个方面。某些政府人员的政策主张也是在研讨会上公开的，例如在 2002 年胡佛研究所举办的"我们勇敢的世界：'9·11'的冲击"研讨会期间，美国国防部副部长保罗·沃尔福威茨（Paul Wolfowitz）提出了美国与像土耳其和印度尼西亚这样的伊斯兰国家合作有利于美国国家利益的主张。胡佛研究所也曾表明，这些研讨会和会议对于胡佛研究所的研究人员和政策制定者之间的对话和交流起着至关重要的作用。

胡佛研究所把研究成果或出版著作送到政府部门或发表在报纸和学术刊物上。比较有影响力的著作有《塑造美中关系：一个长期战略》《缓和后的苏联对外政策》《促进繁荣：80 年代中期美国的国内政策》《武器控制：神话对现实》等。《胡佛文摘：公共政策研究和观点》主要是发布该研究所研究人员最新的研究成果的简介和节选内容，让政府和大众了解政策信息。《公共政策文集》对公共政策问题和当今的发展做深入分析，目的是为了让人们看到胡佛研究所研究人员的学术成果。这种出版著作的方式可以使更多的学术和政治精英引用胡佛研究所的政策观点和研究成果，持续有效地影响决策者的决策行为。

今天，人们获取信息的方式也在发生变化。胡佛研究所为了获得更多的点击率和关注度，在其官方网站上展示自己的研究项目和成果，还有很多著名研究人员的简介和研究项目等。2010 年胡佛研究所在 Facebook、Google Plus 以及 Twitter 等网络媒体上建立了一些主题，如俄罗斯经济、社会保障和美国教育等，还把研究人员的讲座录制成视频放在网络上。随着电子书的发展潮流席卷全球，胡佛研究所与世界顶尖的电子书商签订合同。尤其是 2015 年推出了第一个 iPad 应用程序，在 iPad 客户端上可以下载和阅读各种胡佛研究所出版的著作。以上措施均对胡佛研究所政策思想的传播和研究成果的推广起到了积极作用，从而提高其影响力。

值得注意的是，为了更好地推广其政策思想、更便捷地与决策者进行沟通交流，胡佛研究所于 2001 年在首都华盛顿特区设立了一个分支机构，加强了对政治中心圈的公关力度。这个机构能经常与国会的相关部门、智库以及其他组织合作举办活动，给首都的决策者和其他学者分析当前的政策走向、展示其研究成果和最新的著作等。胡佛研究所位于华盛顿的杂志社出版的《政策评论》也积极地传播其政策观点，以期望影响美国公共政策的制定，扩大胡佛研究所的影响力。

2013 年胡佛研究所为了巩固和发展其在美国东海岸的知名度和影响力，在享誉全球的纽约大街成立了胡佛研究所约翰逊研究中心。这不仅可以吸引投资者的眼球，而且可以扩大其影响力。约翰逊研究中心将为胡佛研究人员提供前沿政策信息，向政府决策者提供优质的政策研究方案和建议，以提高胡佛研究所在公共政策中的影响力，从而巩固其在智库中的地位。

此外，胡佛研究所还把研究业务扩大到国外，与中国的高校和科研机构等都有项目合作。胡佛研究所招聘优秀华人为研究员，使人员结构向国际化发展。这些措施使得胡佛研究所拥有更广阔的研究空间，增强了其在国外的影响力。

三、20 世纪 90 年代以来胡佛研究所的智库建设成效

首先，智库的研究水平不断提升、研究领域也不断拓展。随着

社会的不断发展和国际关系的日益复杂，进入一流大学智库的胡佛研究所也在积极地拓宽研究领域、开展学术研究活动等。学术研究活动主要按主题、研究团队和研究区域分类。

目前胡佛研究所学术研究活动的主题分类包括经济政策、能源和科学技术、外交政策与战略、移民改革、教育以及社会政策和价值观等。经济政策主题具体划分为商业和劳工、经济政策、财政政策、货币政策、政府监管以及税务税收等，其目标是监督国家经济政策的实施和促进国际经济的繁荣发展，减少对个人经济的侵犯等。2015 年召开的经济研讨会包括中央银行改革、中国金融体系的压力与应变、美国联邦债务新结构等。能源和科学技术主题具体划分为能源、环境、自然资源、科学和技术等，其目标是准确预测能源价格走向，积极应对气候变化带来的挑战，从而保障国家安全和全球稳定。2015 年举办了碳排放的网络研讨会、发表了有关小型模块化核反应堆的系列研究成果等。移民改革主题具体划分为改革、移民政策、法律等，其目标是完善美国移民系统的功能，有效解决逾期逗留或非法签证等移民问题。在线杂志《外来》为研究人员提供了平台，探讨的话题包括边境安全措施、移民的经济影响、种族阶级与非法移民在政策发展中的相互作用。教育主题具体划分为教师和教学、联邦政策、财政和领导层等。社会政策和价值观主题具体划分为文化、不同文化背景下的家庭伦理、种族和性别、宗教信仰和价值观等。

学术研究活动的研究团队分类包括国家安全与国际新秩序团队、经济政策团队、外交政策与战略团队、K－12 教育团队以及卫生保健政策团队等。国家安全与国际新秩序团队主要研究战争法和美国宪法，在个人自由和国家防御恐怖主义之间寻求最佳的平衡，为国家制定国防政策提供建议等，研究成果有"明天的国家安全格局""即将到来的国家安全战略"和"国内安全和外交政策"等。经济政策团队主要研究美国的经济和金融政策以及全球经济发展的趋势，为美国经济政策的制定提供具体的建议，研究成果有"美国联邦债务的新型结构""一个积极的经济增长和收入分配理论"和"贷款标准、信贷繁荣和货币政策"等。外交政策与战略团队探索和研究一系列的外交政策，以便为美国面临最重要的政策挑战制定方案，研究成果有"中国在美国外交政策中的地位""全球资本主义：一个至关重要的外交政策工具"和"美国外交政策的转变"等。K－12教育团队研究政府规定和监督的教育政策（内外公共学校系统），关注教育问责制和透明度方面的问题，研究成果有"研究：教育券可能引起持久的积极成果""学校绩效责任制的未来"和"黑人家庭的救助计划"等。

其次，胡佛研究所的图书馆和档案馆建设持续推进。这一时期胡佛研究所继续保持和发展其馆藏资料收集项目。胡佛研究所图书馆和档案馆的使命和任务是收集、保存以及提供有关全球政治经济和社会变革的最重要的资料。图书馆和档案馆作为一个充满活力的学者社团和公众对历史意义和作用感兴趣的平台，为世界各地的学者和研究人员提供了大量而珍贵的历史资料，辅助他们进行学术研究，为促进美国和世界和平做贡献。

胡佛研究所图书馆和档案馆致力于收集以下领域的资料：世界主要冲突的军事和外交历史；国际救援行动和难民运动；美国外交政策和国际外交政策；俄国革命以及其他革命运动；冷战史和后共产主义革命；国际共产主义、社会主义和无政府主义运动；和政治趋势有关的美国思想史；自由市场和其他经济历史；美国左派和右派的激进政治思想和组织；法西斯主义在德国和其他地区的发展；国际联盟和联合国等。目前图书馆和档案馆收集的资料主要用于研究和预测社会变革的新趋势。

目前，图书馆和档案馆正在收集的资料包括美国的情报家和外交官威廉·约翰（William John）在欧洲和远东地区杰出职业生涯的资料。斯坦福大学教授大卫·D. 莱廷（David D. Laitin）穷尽一生收集有关索马里的历史、语言和社会环境的资料。图书馆和档案馆的研究主题主要是外交事务与国家安全、历史类等，目前研究人员和工作人员共有 58 名。丽莎·米勒（Lisa Miller）是胡佛研究所的高级档案管理员，她依托馆藏资料做研究，发表了《无处不在的胡佛先生》等文章；大卫·雅各布斯（David Jacobs）是胡佛研究所的档案专家，他利用馆藏资料做研究，发表了一些文章。除此之外，胡佛研究所图书馆和档案馆定期举办参观访问、公共展览会、学术讨论会以及其他活动，致力于扩大图书馆和档案馆在世界学术研究领域的知名度。

胡佛研究所图书馆和档案馆每年都会提供具有竞争性的奖学金项目，支持基于该所馆藏资料的相关研究，所有受助人将在图书馆和档案馆花费至少 10 天的时间用来查找资料并做学术研究。奖学金主要有 3 种，分别是：西拉帕默研究奖学金，主要支持美国的本科生和研究生用该所馆藏的资料做研究；美国学者研究资助，主要支持美国的教师、博士后和独立学者用该所馆藏的资料做研究；国际学者研究资助，主要支持各个国家的学生、教师和独立学者用该所馆藏的资料做研究。只要符合申请条件的都可以在线提交申请人的信息，所有奖学金最高达到 2500 美元。这种做法既提高了馆藏资料的利用率和曝光率，也使胡佛研究所成为世界学术研究中心。

最后，持续推出各种形式的出版物。胡佛研究所出版和推广的各种研究成果，主要用于为公共政策问题提供建议，以促进并维持世界和平。胡佛研究所的出版物有很多种，主要有胡佛出版物、胡佛研究所出版社出版的书籍、学者博客、播客、视频系列以及胡佛频道等。

胡佛研究所的纸质出版物主要有两种。第一，胡佛出版物。它主要包括《胡佛日报》《胡佛文摘》《未来教育期刊》等。《胡佛文摘》是季刊，主要提供该所研究人员和历史学家发表的有关政治、经济和历史的文章等。第二，胡佛研究所出版社出版的书籍。它主要分为经济学类、教育学类、历史学类、环境与能源类、外交事务类、医疗卫生类、法律法规类、国家安全类、政治哲学类等，在出版社的官方网站上可以方便快捷地搜索、查看和购买书籍，公众借助书籍更容易理解政府的各种政策信息。

胡佛研究所的数字出版物主要有三种。第一，视频系列。它包括"非同寻常的知识"，主要是访谈一些政治领导人、学者和思想家等，通过简短的对话来探讨和分享其观点和思想；"美国对话精要"是纽约第92街区文化机构和胡佛研究所的合作项目，广泛讨论各种话题，从收入不平等到国家安全等；"胡佛视频"主要是胡佛研究所的会议、讲座以及重要事件的视频资料。大众通过各种视频能更容易地理解复杂的政策概念，更直观地了解相关政策研究的信息。第二，胡佛频道。它包括："简报"，主要报道和评论在法治和美国宪法支持下的国家安全问题；"移民政策改革"，主要是通过审查合法和非法的移民，然后基于事实进行分析和辩论，从而改善大多数人认为的不公平和低效率的移民制度；"自由社会的推进"，主要是对当前政策的讨论等。第三，学者博客。它主要是发布学者的观点和一些热门话题等，感兴趣的公众可以登录博客，阅读文章或与博主互动探讨相关问题等。

在全球化背景下，美国政府对公共政策的需求进一步提升，而智库行业之间的竞争也更加激烈，这些因素都促使胡佛研究所不断地提升其综合能力和应变能力。在稳定发展时期，胡佛研究所通过拓展其智库功能、扩充经费的来源、拓展研究所影响力的实现渠道等措施，保障胡佛研究所在美国智库行业中拥有不可替代的地位。

胡佛研究所利用其馆藏资料开展特色研究项目，积极出版和发表研究成果并向政府部门推广，以提高研究成果的利用率和曝光率，最终获得政府和公众的认可，提升其在国内外的知名度。胡佛研究所开展各种学术活动，使研究人员和学者等可以面对面地沟通思想和交流观点等，这些举措都促使胡佛研究所能够跻身世界一流大学智库。

第四节　胡佛研究所智库建设的成就源泉

胡佛研究所成功地从图书馆转型成大学智库，经历了曲折而艰辛的过程。胡佛研究所在面对复杂的国际关系和外界环境的压力时，能够不断地吸纳优秀人才、拓展研究领域、改革体制和创新思想，积极地寻求发展方向。可以说，胡佛研究所的转型与发展是内部因素和外部因素共同作用的结果。

一、特定的公共政策决策体制

三权分立和权力制衡是美国政治制度的最典型特征，这种制度结构导致了权力的分散性和决策的公开性。美国政府和国会之间互相独立，不存在从属关系。他们在面对纷繁复杂的国内外问题时，为了使政策决策科学化、专业化，也为了赢得政策的主导权和公众的支持，双方都需要借助专业化的知识和专门的政策研究机构做"外脑"辅助。政府和国会之间的竞争意识与对政策建议和政策研究人才的大量需求，为胡佛研究所的转型和发展提供了基础。美国的政党选举制度就是各党派之间通过激烈的竞争来轮流执政，由于各政党之间存在着很大的政见差异和不同的政党利益，致使智库政策研究多样化。美国的政治体制和政党制度为胡佛研究所向政策研究机构发展提供了可能。

三权分立和权力制衡使美国的政策决策体制具有开放性，为胡佛研究所转型为智库并发挥作用提供了空间，例如有时胡佛研究所向政府提出政策问题，有时直接参与公共政策的制定。美国的智库不仅大部分不受政府的干预和控制，而且还受到政府的支持，这为胡佛研究所转型为研究机构提供了有利的外部条件。胡佛研究所和政府的关系是基于双方所签订合同的一种平等互利的合作伙伴关系，彼此的权利和义务也都是由合同加以明确规定的，这就保证了智库能较为客观地、中立地研究政策项目和提供政策建议。因此说，美国的政治制度为胡佛研究所的转型和发展提供了良机。

二、精准的职能定位

精准的智库定位就像一盏高挂的指明灯，指引着胡佛研究所的发展方向。一战以后，为了使美国更好地了解国际关系和政策，胡佛和一些关心国际事务的学者成为致力于发展智库的先驱人物。胡佛在1944年明确了图书馆的发展目标就是成为政策研究机构——智库。1956 年为了体现政策研究的重要性，理事会决定将图书馆更名为胡佛战争、革命与和平研究所，研究所的宗旨是为促进世界和平做贡献。

在激烈的竞争中要与时俱进，不断创新，才能在智库行业有一席之地。胡佛研究所在发展过程中总是能顺应时代潮流，不失时机地抓住机遇进行改革与发展。胡佛研究所与斯坦福大学保持相对的独立性，并且积极地寻找合适的发展方向，不断突破和创新。在发展的过程中，敏锐的洞察力使胡佛研究所迅速向政策研究机构方向转型与发展。胡佛研究所能准确地抓住最新的政策方向并积极地扩大研究规模，为其转型和发展提供了动力，使其成功转变成政策研究智库。这些都源自于其准确的定位和积极的发展。

三、优秀的团队和雄厚的文献储备

智库的研究人员决定着知识创造与应用的效率和水平，所以智库拥有的研究人员是其生存和发展的关键性因素。俗话说"巧妇难为无米之炊"，仅仅有研究人员是不够的，还要有丰富的资料文献做后盾支撑，而胡佛研究所拥有的雄厚人力和物力资源是其成功转型的核心因素。

胡佛研究所是一个国际性、专业性的文献资料中心，研究所的馆藏为学术研究提供了优势。馆藏资料种类繁多，数量庞大，很多资料都是独一无二的，并且有巨大的学术研究价值。其中最大的图书收集中心是东亚图书收集中心，主要提供中文和日文等资料。图书资料收集工作由相关领域的专家负责，保证了资料收集和选择等工作具有很高的学术水平。对图书资料收集工作的重视，充分说明了丰富的资料和学术研究工作是密切相关的。

胡佛研究所招揽各领域的精英人才利用资源做学术研究，他们表达、交流各自的意见和创新思想等，产出高质量的研究成果，最终为美国公共政策服务。例如胡佛研究所的访问学者不仅参与研究工作，而且保持研究所与外界的交流。流动性质的访问学者给研究所带来新的观点和见解，使研究所的研究成果具有实践性和开放性。研究人员职业和专业背景的多样化为研究提供了不同的思考角度，确保研究成果的高品质和高质量，从而提高了胡佛研究所在政策研究领域的影响力。

四、与大学的互动共生

胡佛研究所与斯坦福大学互动协作，对双方来说这是一种强强联合的方式。胡佛研究所是世界顶级智库，拥有大量珍贵的文献资料和成就卓越的政策研究人员。斯坦福大学是世界一流大学，拥有悠久的历史、深厚的文化和专业的学术研究队伍。在政策研究和学术研究相互结合的条件下，更容易启发研究人员的思维，提出新颖的思想和政策观点，从而取得富有创造性和实践性的研究成果。

胡佛研究所以斯坦福大学为依托，利用大学丰富的学术和人力等社会资源，将其强势研究领域与大学的优势学科结合起来，把现实议题与学理研究结合并做深入讨论和研究，既能保证高质量的研究成果，又能提高研究所的知名度，对研究所起到一定的宣传作用。而斯坦福大学与胡佛研究所共同开展合作项目、举办研讨会等，保持良好的学术交流和沟通关系，为大学研究成果的转化提供了契机，对斯坦福大学起到带动作用。此外，胡佛研究所在斯坦福大学校园内，大学的师生不用长途跋涉就能利用研究所的资料做研究，这也是研究所得天独厚的便利条件之一。

虽然胡佛研究所与斯坦福大学偶有分歧且政见向左（如早期研究所的独立问题），但是这些摩擦并不影响两者的共生。胡佛研究所与斯坦福大学最终形成了互利互惠的双赢模式，从而成为发达国家大学智库与大学母体良性互动的代表案例之一。

哥伦比亚大学和普林斯顿大学的智库建设

第一节　哥伦比亚大学东亚研究所的智库建设

哥伦比亚大学东亚研究所，全称为"哥伦比亚大学魏德海东亚研究所"（Columbia University Weatherhead East Asian Institute），是哥伦比亚大学 1949 年创办的一个下设于哥伦比亚大学文理学院的区域性研究机构。经过近 70 年的发展，该所已经成长为全美著名的综合性东亚研究智库，研究对象覆盖中国、日本、韩国、蒙古以及东南亚诸国，研究领域包括政治、经济、文化、历史、科技、教育等各个方面。研究所在为社会输送大批相关领域专家型人才的同时，其学术水平尤其是政策研究水平也备受世人关注和赞誉，尤其是该所长期在美国政府有关东亚地区的国际战略与外交关系等政策决策领域保持了强大的影响力。在《2016 年全球智库报告》中，东亚研究所入选全球顶级大学智库 40 强，并在"最佳区域研究中心（大学附属）"排行榜中位居全球第8。❶ 就此而言，东亚研究所无疑是一个世界公认的一流大学智库。

在考察东亚研究所的发展历程时，其独到的管理模式在研究所走向成功过程中发挥的作用尤为值得关注。科学有效的管理对任何一个智库而言都至关重要。美国学者雷蒙德·斯特鲁伊克（Raymond Struyk）曾言，"一个智库想要成功，必须要做到以下三点：执行严格的政策研究；与各种政策团体保持紧密的联系以确保研究成果得以被采纳；有效地管理好智库"。他认为，第三点即"有效地管理好智库"往往是最容易被忽视的一点，但"倘若管理做不好，另外两点更是无从谈起"❷。具体到东亚研究所，其在管理实践中积极倡导的多元化治理对研究所成长为一流大学智库起到了不可忽视的助力作用。这种多元化几乎体现于研究所管理实践中的各个环节，包括研究团队、研究内容、成果产出形式和影响力实现渠道、学术和经费资源等。

一、构建多元化的研究团队

人才资本是智库思想创新的基础和源泉，结合智库服务对象和领域的复杂需要，组建一支具备雄厚学术积淀、扎实基础理论研究、多元学术背景的研究团队，能更好地发挥为政府、社会提供前瞻性指导意见的功能。哥伦比亚大学东亚研究所的职能与定位恰好体现了这一点，以多元化为导向，将各类研究学者和学生聚集到一个研究东亚、东南亚相关问题的团队中，并致力于把研究的知识运用到

---

❶　MCGANN J G. 2016 global go to think tank index report ［R］. Philadelphia：University of Pennsylvania，2017：125，154.

❷　斯特鲁伊克. 完善智库管理：智库、"研究与倡导型"非政府组织及其资助者的实践指南 ［M］. 李刚，孔放，庆海涛，等译. 南京：南京大学出版社，2017：1.

学术、政治咨询、商业以及无营利性和无政府性的组织中。

哥伦比亚大学是位于美国纽约曼哈顿的世界著名私立研究型大学，历史悠久，属于常春藤盟校，世界排名名列前茅。❶ 作为世界知名学府，倡导国际化与多元文化融合是哥伦比亚大学可持续高质量发展的重要战略之一，该研究所也一直秉承这一传统。根据《2016—2017 年年度报告》显示，该研究所的常驻研究团队由 47 位该校不同院系（包括国际关系学院、政治科学院、经济学院、历史学院等）的知名教授和 35 位专业研究员组成。从表 5 - 1 可见，该研究所的常驻研究人员学科背景多样，研究方向也呈多样化发展态势，他们大多有着海外研究或学习的经历，并在其他学校或社会机构中担任重要职位，还有一小部分常驻人员会通过赞助访问学者，联合国外专家、学者共同进行研究的方式，集中优势力量，"结合自身的学科特点和优势进行学科定位，形成固定的且符合自身发展的研究特色和风格；以问题为导向，选择国家重大理论和具有前瞻性的现实问题作为自己的研究领域；坚持跨学科、跨部门相结合，提高研究目标的综合性和现实针对性"❷。例如奥维尔·谢尔（Orville Schell）教授，是哥伦比亚大学的高级研究员，同时兼任加州大学伯克利分校新闻学院名誉教授、纽约亚洲协会中美关系主任和美国对外关系委员会成员，拥有多重重要身份，其学术背景和研究范围多样，就中国研究领域而言不仅涉猎历史、政治、经济、外交，还涉及环境问题。

哥伦比亚大学东亚研究所具有开放性，吸纳不同学校、研究机

---

❶ 哥伦比亚大学在 2017 年《美国新闻与世界报》颁布的美国大学排名中位列第 5。
❷ 方婷婷. 美国大学智库影响力和运行机制研究——以斯坦福大学胡佛研究所为例 [J]. 高校教育管理，2014（4）：37 - 60.

构的成员加入研究团队，保持团队的多元化。除常驻人员外，该研究所还有 7 位博士后进修人员、12 位来自世界各地的访问学者及近百位博硕研究生等多种类型的研究人员。该研究所积极倡导教师队伍的国际化，聘请拥有国际背景的教师，积极欢迎本国与世界其他国家和地区的知名教授前来讲学与合作，充实教师队伍的"生态多样性"。哥伦比亚大学东亚研究所通过建立人才资源共享机制，扩大兼职教师、访问学者队伍，开展与国内外知名学者的合作研究，开拓科研领域，发挥访问学者在学科建设、科学研究和人才培养等方面的优势。

表5－1 哥伦比亚大学东亚研究所常驻研究人员的职务和研究领域

主要研究国家	常驻研究人员	职称	社会性兼职	主要研究方向
中国	Qin Gao（秦高）	哥伦比亚大学社会工作学院社会政策与社会工作系教授	北京师范大学中国收入分配学术委员会成员	中国经济问题，国际社会经济的发展
	Carl Riskin（卡尔·里斯金）	哥伦比亚大学高级研究学者，哥伦比亚大学经济学教授	纽约城市大学皇后学院经济系特聘教授	中国经济发展，收入分配，贫富差距问题
	Orville Schell（奥维尔·谢尔）	哥伦比亚大学高级研究员	加州大学伯克利分校新闻学院名誉教授，纽约亚洲协会中美关系主任，美国对外关系委员会成员	中国历史、环境、政治经济改革，中美外交关系

续表

主要研究国家	常驻研究人员	职称	社会性兼职	主要研究方向
日本	Gerald L. Curtis（杰拉尔德·L. 柯蒂斯）	哥伦比亚大学政治学院政治学荣誉教授，哥伦比亚大学魏德海东亚研究所丰田研究项目负责人	丰田基金会杰出高级研究员，纽约日本协会董事会成员，美国国际交易所日本中心和外交关系委员会成员，日本电视新闻节目的国际时事评论员	日本现当代政治，外交政策，社会变化
	Carol Gluck（卡罗尔·格卢克）	哥伦比亚大学东亚语言文化学院和历史学院教授，哥伦比亚大学全球思想委员会主席，哥伦比亚大学全球中心教师指导委员会副主席	亚非问题国际联合会协调员，图书咨询委员会成员，国家语言学习委员会成员，美国文理学院理事会成员，日本协会董事会成员，魏德海基金会董事会成员	现当代日本研究，20 世纪国际史
	Takatoshi Ito（高峻伊东）	哥伦比亚大学国际和公共事务学院教授	日本经济和公共事务中心副主任	亚洲金融市场，日本经济，国际金融、贸易政策以及公共养老基金
韩国、朝鲜	Laurel Kendall（劳雷尔·肯德尔）	哥伦比亚大学高级研究员，哥伦比亚大学人类学系主任	美国自然历史博物馆亚洲人种志收藏馆馆长，2016—2017 亚洲研究协会总负责人	韩国历史，区域比较

主要研究国家	常驻研究人员	职称	社会性兼职	主要研究方向
韩国、朝鲜	Joel S. Wit（约珥·S. 威特）	哥伦比亚大学高级研究员	约翰斯·霍普金斯大学国际研究院高级研究员，北纬38°网站的创始人和项目负责人	美国和朝鲜外交关系，外交政策

数据来源：根据哥伦比亚大学魏德海东亚研究所官方网站资料整理。

二、探索多元化的研究领域

哥伦比亚大学东亚研究所依托哥伦比亚大学文理学院（Graduate School of Arts & Sciences）而建，是美国最杰出的研究生院之一，拥有雄厚多元的学科背景和学术积淀。"随着国防、环境、气候变化等宏观政策议题的复杂性和风险性日益增大，依靠同质性学科共同体的科学研究已经难以适应现代社会决策的需要，探寻决策咨询群体之间知识互补和智力互补的跨学科群体决策机制，成为提供高质量咨询建议的必然选择。"❶ 该研究所虽是依托哥伦比亚大学文理学院而建，但并无隶属关系，正如前面所言，该研究所不仅聚集了各学院的精英人士，还联合了本国和国外的知名专家、学者，是一支具备雄厚学术积淀、扎实理论基础和多元学术背景的研究团队；而其团队不仅为东亚研究所提供了优质多元的学术资源，也为建立东亚知识体系奠定了基础，拓展了研究领域和研究对象的多样化，成为

---

❶ 叶琳静. 一个美国大学智库的建设——"贝尔弗科学与国际关系中心"剖析 [J]. 教育导刊，2016（3）：86-90.

孕育东亚思想市场的温室。

哥伦比亚大学东亚研究所以国家类别为横轴、学科类型为纵轴进行多元交叉学科布局，"学科之间构成功能互补、相互依存的学科生态链，以多样化的学科种类、优势学科群落来体现学科生存能力与竞争力"❶。其研究对象以中国、日本、韩国为主，而后蔓延至东亚、东南亚其他国家。其研究领域以历史、文学、经济、政治和社会为重点，涉及人类学、社会学以及教育、法律、地域、电影、艺术史等多个领域。例如，专门研究韩国相关问题的韩国研究中心于1988年成立以来，一直在美国哥伦比亚大学、纽约地区以及其他地区的韩国研究中发挥主导作用，促进了全球性的跨学科联系。该研究中心与东亚语言文化部、亚太经合组织研究中心、人权研究机构、韩国法律研究中心、哥伦比亚大学法学院、妇女与性别研究机构、种族研究中心、斯塔尔东亚图书馆、杰罗姆国际贸易研究所等多个机构合作，开展多元领域的研究。

哥伦比亚大学东亚研究所通过与多个机构合作，举办多种类型的活动，涉及多个研究对象、展开多元领域研究，致力于推动学术知识的发展，丰富研究内容，提升研究人员的多元化研究能力，提供高质量的政策意见。

三、拓展多元化的成果产出形式和影响力实现渠道

大学智库成果的产出能力是决定智库科研能力和智库影响力的重要因素之一，智库的科研能力和智库影响力都要以智库产出成果为前提和依据，通过完成并产生大量的智库成果向社会推广和发布，

---

❶ 武建鑫. 走向自组织：世界一流学科建设模式的反思与重构 [J]. 湖北社会科学，2016（11）：158－164.

以期影响社会政治、经济和文化意识形态，影响社会公共政策的制定。该研究所是以专著、论文、报告、网上公开信息等成果产出形式出现在公众视野，以期产生重大影响。

（一）多样化的成果产出形式

学术背景多元化的研究队伍结合扎实的理论基础，伴随多样化的成果产出途径，顺势提高政策咨询意见的质量。该研究所的著作主要有三个系列："魏德海东亚研究所系列"（*Studies of the Weatherhead East Asian Institute*），"亚洲展望：亚洲历史、社会和文化的新视野"（*Asia Perspectives：New Horizons in Asian History，Society，and Culture*），"魏德海东亚研究所亚洲系列"（*Weatherhead Books on Asia*）。每一系列都有丰富多样的研究内容，以"魏德海东亚研究所系列"为例，该系列发起于1962年，由来自世界各地的东亚研究学者编写，出版于学术和贸易机构，书籍所涵盖的学科类型丰富多样，旨在引起公众对现当代东亚新研究成果的关注。

该研究所的专家学者除了发行专著外，还以各种报告、论文等形式，传播新思想，倡导新理论。发表的各种报告和论文，在该研究所的官网上通过相关的搜索引擎都可以进行下载和阅览。"美英世界一流高校智库都很重视对自身研究成果的推广利用，不仅在其主页设立专门板块进行研究成果的报道和揭示，而且将各种类型的智库成果，通过形成多种分类浏览体系和检索体系方便用户查找和使用。"❶ 通过出版书籍、报告，在媒体上发表见解、文章，解读国内、国际问题和公共政策，举行各种公开的会议，不仅有利于培养

---

❶　毕长泉，曹健，孙会清，等．美英世界一流高校智库成果调查分析［J］．图书馆，2016（9）：71－76．

公众的政治参与热情，加深对公共政策的了解，也有利于促进政策教育化和政治社会化。

（二）影响力实现渠道

人际传播、组织传播和大众传播是大学智库三种主要的传播渠道，大多数情况下，三种传播渠道会同时采用，互为补充和促进。哥伦比亚大学东亚研究所的成果产出也是遵循人际传播、组织传播和大众传播互为补充和促进的原则，一方面通过书籍、研究报告和论文，使各利益集团了解其研究领域和研究重点，将成果作为影响政府和公众的重要渠道；另一方面通过发表成果、印刷刊物，利用电子媒介的舆论效力和网络媒介的全球信息传播，扩大其传播速度、范围，制造舆论，加大影响力。该研究所的"世界领导人论坛"和"特别讲座"则是利用新媒体结合以上三种传播渠道来提升影响。

1. 世界领导人论坛

世界领导人论坛通过与世界各国杰出的领导人进行公开对话，跨越传统学术和国际界限，讨论关乎时代的问题，运用多元化思维，探索不同国家的多元文化领域。世界领导人论坛于 2003 年发起，是一项年度活动，由哥伦比亚大学各大组织中心联合举办，汇集了许多政府领导人、有影响力的公民以及来自世界各地的知识分子。

通过这种公开的会议，智库不但可以吸引媒体和公众的关注，并就某一问题形成舆论氛围，还可以与官员、学者互动，促进智库发挥其"公共空间"的作用。"定期举行各种研讨会、圆桌会议、报告会、专题讨论会，邀请国家政要到中心发表演讲。一方面，可以及时了解政府政策走向，传递政策理念。另一方面，政府官员可

以从中心汲取研究成果，启发思路、开阔视野。"❶

2. 特别讲座

据现有资料显示，该研究所目前提供两个年度讲座：由杰拉尔德·L. 柯蒂斯教授和 N. T. 王（N. T. Wang）教授进行日本政治方面的讲座。杰拉尔德·L·柯蒂斯教授从 2005 年 9 月到 2015 年 2 月，举行了一年一期的日本专题讲座；N. T. 王教授则从 2010 年开始，举行每年一期的政治讲座。在此以杰拉尔德·L. 柯蒂斯教授的讲座为例。特别讲座是同其他社会、学术机构合作来凸显它的多元化。例如，2006 年通过与日本经济和商业中心合作，以"评估日本新安倍政府"为题，讨论了安倍晋三的当选对日本政治长期演进的影响。讲座还会邀请各地知名人士参与，共同讨论，根据当下现状做出预测判断。以 2007 年的讲座为例，此次讲座邀请了联合主办方亚太经合组织研究中心主任、国际经济学教授休·帕特里克，以"安倍走了，下个自民党是谁?"为题，谈到了自民党的未来，并出了预测，在安倍辞职后的持续影响中，他的预测是准确的，包括日本首相福田康夫政治生涯未来的走向。此外，每次的讲座都会由讲座专家就日本当前最热的政治、经济、社会和文化等问题，运用雄厚的多元学科背景知识，通过实地考察，进行最深入的剖析。例如 2005 年 9 月 11 日的大选对日本具有历史性意义，柯蒂斯教授通过在日本实地观看大选后，分析了此次选举对日本国内政策、外交政策、日本政治长期演变的影响，由此展开了以"小泉纯一郎的赌博及其后果"为题的年度演讲。

---

❶　方婷婷. 美国大学智库影响力形成途径分析——以贝尔弗科学与国际事务中心为例［J］. 现代教育科学，2015（1）：160 – 165.

四、开辟多元化的学术与经费资源

（一）学术资源的多元化

哥伦比亚大学东亚研究所学术资源的多元化，体现在强大的智力资源，即拥有一支具备雄厚的学术积淀、扎实的理论基础、学术背景多元交叉的研究团队和强大多元的知识库，即东亚图书馆和日本东芝图书馆。其中哥伦比亚大学东亚图书馆是除中国图书馆以外收集亚洲图书最丰富的图书馆，亚洲类藏书为全美第二，可以媲美哈佛大学的燕京图书馆。东亚图书馆总藏书量达 870 万册，种类繁多，拥有超过 81 万册资料文献（包括中国普通话、藏语、满语，韩语和西方语言版本）、6600 多类期刊、50 多类报纸、600 万套微缩胶片、2600 万册手稿、60 万册善本、10 万片 VCD 和 DVD 以及 20 万份官方文件。各样的中文书籍、流行小说、古典文学以及县志也可以在该图书馆找到，中国族谱、家谱、谱牒约 950 种也存留于此。此外，该图书馆还设有丁龙讲座❶，设立中文部以收藏中文数据。哥伦比亚大学法学院日本东芝图书馆，是拥有美国最全的法律类资料的图书馆之一，包括日本法律方面的文献、史料，为该研究所有关日本法律方面的研究提供主要资料。两个图书馆所拥有的数量庞大、种类繁多的学术资源，为该研究所的多元主题研究提供了得天独厚的学术资源优势。

---

❶ 丁龙讲座（Dean Lung Professor）是哥伦比亚大学的首个汉文讲座，出自《胡适口述自传》："那是美洲大陆第一个以特别基金设立的汉学座。"丁龙原是美国卡本迪将军的一位佣人。他深得卡氏的敬重，所以卡氏独立捐资给哥伦比亚大学设立专治汉学的丁龙讲座。

（二）资金来源的多元化

该研究所共有五种资金来源，多元化的资金来源使其避免了对某一资金的过度依赖，有充足的运营资金从事独立的政策研究和舆论影响力的传播。智库、基金会、政府和社会四者之间也逐渐形成了一种稳固而密切的关系，这些都为大学智库从事政策研究和信息传播提供了充足的资金来源。

如图 5－1 所示，基金会在所有资金来源中占比最多，高达56%。有 20 个不同的基金会为该研究所的研究投入资金，魏德海基金会（The Weatherhead Foundation）为主要资助者，其他还有里曼基金会（Freeman Foundation）、保罗·兰格基金会（Paul F. Langer Fund）、日本基金会（The Japan Foundation）等。由于美国的慈善文化传统和优惠的税收制度，基金会热衷于为智库提供研究基金。它作为一种相对稳定和长期的资金来源，是美国智库得以运营的基础。此外，政府提供的资金支持主要是美国教育部（从 1960 年授予哥伦比亚大学为东亚国家研究所，提供每年该研究所所需资金的 3%）和美国国务院（占比 8%）；社会人士的支持（其中有一位匿名资

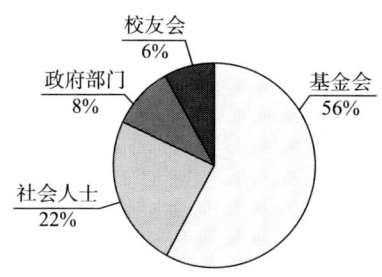

图 5－1　资金来源

数据来源：根据哥伦比亚大学魏德海东亚研究所官方网站资料整理。

助）占比 22%，有康拉德·W. 鲍尔（Conrad W. Bauer）、西尔维娅·卢女士（Sylvia Lew Wong）、菲利斯迪·克斯坦（Phyllis Dickstein）等；商业公司占比 8%，以及哥伦比亚大学校友会的经济支持。

五、对我国大学智库建设的启示

大学智库的设立一般基于学术共同体，而非政治目的，加之人员的构成和流动更为灵活，也没有太多政治和行政限制，"智库与大学的结合是使研究受到关注的更有效的工具"❶。

因此，"近年来，高校下设智库探索以协同创新中心为载体的新型智库建设等中国智库发展的最新状况引起了学界的重视"❷。虽然这几年我国大学智库的建设如火如荼，但质量和影响力较之世界知名智库仍存在一定差距，在对国家重大理论和现实问题进行综合研究时，表现出研究合力不足、学科合力不足、人员合力不足和机构合力不足的缺憾；大学智库网站建设不完善、信息内容不完整；学术、资金来源单一等。

（一）组建多元化的人才梯队

我国在建设大学智库时，既要吸取其他国家的先进经验，也要遵循中国的国情，充分发挥大学自身的社会、人才和知识资源优势，发挥雄厚的科研实力、丰富的数据信息和广泛的合作交流优势，探索具有中国特色的新型大学智库发展模式。

---

❶ POSNER R A. Public intellectuals: a study of decline [M]. Cambridge, Mass.: Harvard University Press, 2002: 210.

❷ CHENG L. China's new think tanks: where officials, entrepreneurs, and scholars interact [J]. China leadership monitor, 2009 (29): 1-10.

"大学智库是现代大学社会服务由传统产业经济领域向社会政治、公共政策领域延伸和拓展的产物。同时，大学智库建设需要强大的智力资源和学术支撑。"❶ 美国大学智库得以顺利发展的关键所在，是大学具有学科综合的优势，具备丰富的人才资源，强调专业化的问题研究与人才培养，组建多元化的人才梯队，致力于智库研究。因此，我国大学智库的关键任务是明确研究领域和方向，配备齐全和专业化导向明确的学科设置，建设一支学科布局结构合理、学术积淀雄厚、学术背景多样的人才梯队。这个人才梯队的成员不仅要拥有基础强大的学科知识背景，并且其中很多专家学者都应是在各自领域引领学科发展的领军人物。此外，还要学会利用学校的社会资源优势和大学身后的人才基础，利用国际化教师队伍的智力资源优势，加强学科梯队的多元化建设，对研究领域和研究科目进行具体划分，充分发挥基础研究优势，突出学科的鲜明特色，学科间采取相互交融模式，致力于打造出精干的学术群落。

（二）加强资金和传播渠道的多元化

美国布鲁金斯学会国际顾问委员会主席安东尼·阿格特梅尔（Antonie van Agtmael）认为："因为政治的去中心化和多元的政治文化使得智库有机会影响政策，很多学者希望通过自身对信息和知识的掌握帮助政府制定更好的政策，而美国的慈善传统和基金文化则为他们提供资金支持。很显然，有需求、有人力，又有资金，这就

---

❶ 田山俊，何振海．一流大学"智库群"的崛起——哈佛大学的智库建设路径 [J]．教育研究，2016（4）：140－145.

是智库繁荣发展和产生影响力的原因。"❶

　　大学智库的研究经费对思想倾向和决策咨询服务质量会产生重大影响。我国大学智库的资金来源主要是政府拨款,经费会受到财政部各项规定的严格限制,任何财务体系上的变动,包括费用的增额都需要财政部的批复,而往往这种批复很难获得同意。反之,哥伦比亚大学东亚研究所的资金来源,除政府的财政支持之外,还有来自基金会、企业、个人的捐赠,渠道多样,高投入的资金确保了高质量研究成果的产出。因此,根据中国国情,一方面要从宏观上加强对智库在财政上的支持,健全决策咨询机制,完善政府投入机制和政府购买智库制度,但要避免过分依赖政府的资金支持,以免对大学智库的独立性产生影响;另一方面要进一步制定和放宽智库享受税收优惠制度的标准,鼓励基金会的发展,鼓励企业和个人对政策研究的捐助。

　　哥伦比亚大学东亚研究所的成果产出遵循人际传播、组织传播和大众传播互为补充和促进的原则,扩大传播速度,加大影响力。因而,我国大学智库也应积极拓宽传播渠道,打造多维度的传播资本,一方面,利用传统优势,发表论文、印刷著作等;另一方面,加强智库新媒体传播与公共外交能力,具备全球视野,运用互联网思维,建设好自己的机构网站。此外,也可通过国际奖学金制度、国际学生交流制度、国际学术交流等方式吸引来自世界各国的精英,推动思想和成果的产生。

---

❶　SCRUTON R. A dictionary of political thought [M]. New York: The Macmillan Press, 1982: 224.

第二节 普林斯顿大学公共与国际
事务学院的智库建设

由于拥有富集的学术资源，美国众多顶尖大学往往成为一流智库的孕育母体。普林斯顿大学伍德罗·威尔逊公共与国际事务学院（以下简称"威尔逊学院"）就是一流大学建设一流智库的典型代表。威尔逊学院长期专注于美国国际战略、对外关系和公共政策等重大政策领域的研究，曾推出一系列深具影响的成果，其中最具代表性的是 2006 年发布的《铸就法治之下的自由世界——21 世纪美国国家安全策略》（又称《普林斯顿报告》），该报告在很大程度上成为美国重返亚太战略的核心理论依据。能在国家重大战略制定方面发挥如此重要的作用，充分显示出威尔逊学院作为一流大学智库的角色和地位。

一流大学能够为一流大学智库的形成提供所需的学术资源和智力支持，但能否建成名副其实的一流大学智库，还需要大学从智库治理层面进行积极有效的探索。威尔逊学院在智库治理领域采取的相关策略，为人们考察一流大学的智库治理提供了可供参考与借鉴的范本。

一、搭建以实体化研究所为基础的智库组织架构

（一）大学智库的属性与职能特征

政策研究和决策咨询是智库的基本职能。对于官方智库和民间

智库而言，这一职能定位不存在任何异议，因为政策研究和决策咨询既是这两类智库的基本职能，也是核心职能。由于更加强调专业性和专门性，官方智库和民间智库很少开展专属职能以外的活动。实际上，这些智库成立的初衷之一，就是"让大学教师从教学任务的纷扰中解脱出来，集中全部精力研究与公共政策相关的问题"[1]。然而对于大学智库来说，情况却要复杂得多。大学智库在属性定位方面不同于专门化的官方智库和民间智库，它除具有智库属性外，还天然具有"大学"属性，必须承担"大学"属性赋予的人才培养、科学研究和社会服务等职能。换言之，对大学智库来说，政策研究和决策咨询只是其所有职能中的一部分，确切地说，是大学科学研究和社会服务两大职能的交叉与延伸。在这种情况下，如何协调各职能之间的关系，在确保良好履行"大学"属性职能的基础上，更好地发挥"智库"属性的职能，是所有大学智库都必须面对和处理的关键问题。

（二）实体化研究所的架构设计及其对威尔逊学院智库职能的呼应

在协调大学职能与智库职能的关系方面，威尔逊学院采取的基本策略是，搭建以实体化研究所（中心、项目等）为基础的组织架构，为学院多样化职能的实现提供体制保障。在这种架构下，学院从宏观层面统筹各层次人才培养活动，并为学术研究工作提供外部支持；研究所从专业层面致力于学术研究和社会服务职能，其中政策研究和决策咨询的智库职能是重要内容，此外还承担博硕士研究

---

❶　ABELSON D E. Do think tanks matter？ [M]. Montreal and Kingston：McGill – Queen's University Press，2009：11.

生和博士后的培养项目，并参与学院的本科教学。按专业领域设置的实体化研究所，由此成为学院履行智库职能的基础平台。目前，学院共设置了20个研究所，如表5-3所示。

表5-3 威尔逊学院下设研究所简况❶

机构名称	研究领域	机构名称	研究领域
本德海姆-托曼儿童福利研究中心	儿童相关议题研究	艺术与文化政策中心	公共政策对艺术与文化的影响研究
健康与福利中心	发达国家和发展中国家健康与福利研究	信息技术政策中心	数字技术与政策、市场和社会的互动关系研究
国际安全研究中心	国家与国际安全问题研究	民主政治研究中心	当代美国民主政治进程和智库的实证研究
中国与世界研究项目	国际关系视野下的中国外交研究	教育研究组	教育政策与实践研究
成功社会创新中心	中低收入国家的政府改革与治理创新研究	朱莉斯-拉比诺维茨公共政策与金融中心	完善公共政策设计与实施领域金融市场理论的应用研究
卡尼曼-特雷斯曼行为科学与公共政策中心	决策人的思考与行为方式对区域、国家和全球政策影响研究	列支敦士登民族自决研究所	社会-文化、种族、宗教等背景下有关国家、自治、主权、安全和外交等问题研究

❶ Woodrow Wilson School of Public and International Affairs. Centers and programs ［EB/OL］. (2018 - 04 - 25) ［2019 - 05 - 08］. http：//wws. princeton. edu/centers - programs.

续表

机构名称	研究领域	机构名称	研究领域
尼豪斯全球化与治理中心	全球化与国家治理的学术与政策研究	人口研究办公室	人口相关问题研究
普林斯顿调查研究中心	移民、贫困、劳动力等领域政策研究	法律和公共事务项目	法律在政治、经济、社会、文化等领域的角色问题
科学、技术与环境政策项目	当代科学、技术与环境问题及区域、国家和国际的政策应对	科学与全球安全项目	核武器控制与防扩散政策研究
发展研究项目	发展的经济学特别是微观经济学基础研究	政治经济学项目	政治科学与经济科学的交叉研究

实体化研究所的组织架构对促进学院智库职能的有效发挥具有明显的制度优势。首先，它极大地提高了学院作为智库的专门化程度。作为专门的决策研究机构，智库必须突出其专门化程度和专业化水平。由于学术资源富集，大学智库在专业性方面具有天然优势，但其"专门"性却不可避免地会受到"大学"属性及其延伸职能的冲击。设立实体化研究所，可以从体制和机制上确保智库职能的归属与分担，因为这些实体化研究所"本质上是研究中心，而非教学机构"❶，较大学其他机构能更集中地进行高效率研究，从而提高其专门化程度。其次，研究所大都具有稳定而持久的研究方向和领域，使得学者能以此为平台，围绕特定政策与实践问题协同开展长周期

---

❶ WIARDA H J. Harvard and the Weatherhead Center for International Affairs ［M］. Lanham：Rowman & Littlefield Publishers，Inc.，2010：33.

的基础性研究，这在很大程度上也有助于大学智库充分发挥大学的学术优势，产出具有重大理论导向价值的政策研究成果。再次，对于威尔逊学院而言，众多研究所既各具特色又互为支撑，既相对独立又有机交叉，将学院整体塑造成为一个研究领域覆盖广泛、政策察觉敏感及时的广延性智库，强化了学院对政策与实践动向的有效捕捉和机动反馈能力，进而提高了学院发挥智库职能的应激性和时效性。

二、依托内外"旋转门"组建多元交叉的智库研究团队

"旋转门"被视为美国智库最具特色的一种现象。在美国，选举政治导致的周期性权力更迭为学界与政界之间的人员流动提供了契机，作为权力精英的重要"蓄水池"，智库普遍存在输送学者到政府任职和吸收卸任官员加盟智库的现象，由此产生了学界与政界、思想与权力之间的人才"旋转门"。威尔逊学院在智库建设中，将"旋转门"的适用范围进行了拓展，形成了"外部旋转门"和"内部旋转门"两种更能适应和满足大学智库建设需要的人员流转机制，充分满足了学院智库的人才需求。

（一）对"外部旋转门"的充分借重

所谓"外部旋转门"，一方面是指学院按照传统模式建立起政府官员和大学学者的流转机制，另一方面则是对传统模式的突破，将人才选聘对象拓展到校外各行业领域的专家学者和实务人才。在威尔逊学院，特别是在那些专注于政治和外交关系领域研究的研究所里，有政府任职经历的学者比例极高，如国际安全研究中心现有6名全职教授中有4人曾在政府任职，其中中心主任艾伦·L. 弗里德

伯格（Aaron L. Friedberg）曾任美国国家安全事务副助理国务卿兼副总统办公室政策规划主任，柯庆生（Thomas J. Christensen）曾任美国东亚暨太平洋地区事务副助理国务卿。❶ 官员与学者的角色交叉强化了智库研究者的适任度，在这种机制下，智库里的学术精英有机会到政府任职，政府官员卸任后也会回到智库开展实务研究，学者与官员之间的角色流转对智库的发展以及政府的科学决策都起到了积极作用。

凭借"外部旋转门"，威尔逊学院形成了一支符合现代大学智库需求的人才队伍，目前学院来自全球各地的客座教授、访问学者约有 45 人，占全部教师数的一半左右。❷ 多元化的人才队伍为学院产出高质量的智库产品奠定了坚实基础。

（二）对"内部旋转门"的有效探索

除了"外部旋转门"，威尔逊学院还充分借助普林斯顿大学丰富的人才资源，以"内部旋转门"的人才机制为智库开展综合性、交叉性和复合性的政策研究提供强有力的学术保障与智力支持。普林斯顿大学拥有强大的人才优势，仅 2000 年以来就诞生了 19 位诺贝尔奖得主、5 位普利策奖得主、3 位菲尔兹奖得主、7 位美国国家人文奖得主和 5 位美国国家科学奖得主。❸ 学院在智库建设过程中充分认识到大学母体的人才优势，因此积极从全校范围延揽人才。目前

---

❶ Center for International Security Studies. Faculty［EB/OL］. (2018 – 04 – 27)［2019 – 05 – 08］. https：//ciss. princeton. edu/people/1.

❷ Woodrow Wilson School of Public and International Affairs. The advantages of a WWS education［EB/OL］. (2018 – 04 – 27)［2019 – 05 – 08］. http：//wws. princeton. edu/about – wws/our – advantages.

❸ Princeton University. Honors and awards［EB/OL］. (2018 – 04 – 27)［2019 – 05 – 08］. https：//www. princeton. edu/meet – princeton/honors – awards.

威尔逊学院共有85名全职教师，他们中的绝大多数都兼具威尔逊学院和其他院系的双重身份（见表5-4）。❶

表5-4 威尔逊学院部分知名教授院外任职情况❷

教授姓名	研究领域	院外任职机构
道格拉斯·阿诺德（R. Douglas Arnold）	国会政治、国家决策、大众传媒、社会保等	政治学系
罗兰·贝纳布（Roland Benabou）	宏观经济学、微观经济学、政治经济学等	经济学系
艾伦·布林德（Alan S. Blinder）	政治经济学等	经济学系
卡莱斯·鲍什（Carles Boix）	比较政治经济学、比较政治学等	政治学系
查尔斯·卡梅隆（Charles Cameron）	政治制度分析、总统和议会研究等	政治学系 经济学系
珍妮特·科里（Janet Currie）	儿童健康与福利	经济学系
克里斯托弗·希巴（Christopher Chyba）	核武与化武政策、军控与防扩散	天体物理学系
阿兰·克鲁格（Alan Krueger）	劳动经济学、劳资关系、社会保障	经济学系
爱德华·费尔顿（Edward Felten）	计算机安全与隐私、技术政策	计算机科学系
道格拉斯·S. 梅西（Douglas S. Massey）	社会学	社会学系

---

❶ Woodrow Wilson School of Public and International Affairs. The advantages of a WWS education［EB/OL］.（2018-04-27）［2019-05-08］. http：//wws. princeton. edu/about-wws/our-advantages.

❷ Woodrow Wilson School of Public and International Affairs. Faculty and researchers［EB/OL］.（2018-05-02）［2019-05-08］. http：//wws. princeton. edu/faculty-research/faculty-researchers.

三、倡导协同化的智库研究模式

如何适应现代政府战略决策需求，推出高质量的研究成果，是所有现代智库必须正面回应的重大问题。对此，威尔逊学院采取了积极倡导协同化智库研究模式的策略，以政策研究过程的协同化确保政策研究成果的高品质。著名的《普林斯顿报告》就是威尔逊学院倡导协同化智库研究模式最成功的成果之一。

（一）以多样化的研究团队为协同化研究的开展奠定人员基础

《普林斯顿报告》从项目启动到最终出台，全程体现出协同化研究的特征。作为项目的联合发起人和主要撰写者，威尔逊学院政治学和国际事务教授 G. 约翰·伊肯伯里（G. John Ikenberry）和学院院长安妮－玛丽·斯洛特（Anne－Marie Slaughter）在项目研拟阶段就高度重视以项目参与者的广泛性来确保项目实施的协同化水平。据统计，在项目实施的两年间，共有将近 400 名来自政界、商界、学界等各个领域的专家以不同方式参与了报告的撰写过程[1]，其中不乏基辛格、布热津斯基、奥尔布赖特以及约瑟夫·奈、弗朗西斯·福山等重量级人士。此外，受邀共同发起该项目的机构还有布鲁金斯学会、外交委员会、卡内基国际和平基金会、胡佛研究所以及斯坦福大学、牛津大学、东京大学等国内外十余家顶级智库和一流大学。这样一支来源广泛的"超豪华"研究团队的协同合作，为确保"普林斯顿报告"的品质奠定了基石。

---

[1]　IKENBERRY G J, SLAUGHTER A M. Forging a world of liberty under law [R]. Princeton, NJ: Princeton University, 2016.

（二）以科学的项目运行架构为协同化研究的开展提供制度保障

如果说研究团队广泛的人员构成为协同化研究的开展提供了人员基础，那么科学的项目运行架构安排则为协同化研究的顺利开展提供了制度保障。项目运行架构的设计目的是便于团队成员的相互协作，而协作正是现代智库协同化研究模式的具体体现。"一直以来，利益相关者之间的协作都被视为解决复杂问题的一种途径，尤其是其解决途径必须获得相关方认同的那些问题。"❶ 为了更好地开展协作研究，项目除由伊肯伯里和斯洛特任共同主管外，还成立了由 13 名成员组成的指导委员会，并按照研究主题组建了 7 个工作组。项目主管和指导委员会负责项目的统筹设计，各工作组根据分工围绕专题开展相对独立的研究；工作组专题研究任务完成后，向项目主管提交工作报告，经指导委员会合议后再整理撰写最终报告。"总—分—总"的项目组织架构既确保项目研究整体的方向性，又确保了各工作组专题研究的自主性和相对独立性。可以说，《普林斯顿报告》能够产生巨大的政策影响力，与项目实施全程所贯彻的协同化模式是密切相关的，这同样也是威尔逊学院在智库建设领域所获成就的重要源泉。

四、拓展多元化的智库影响力实现渠道

是否具有足够的决策影响力，是判断智库建设水平的关键依据。那么，智库的影响力如何体现呢？一般认为，现代智库对政府决策

---

❶ RICHARDSON I N. Bilderberg people：elite power and consensus in world affairs ［M］. Oxford：Routledge，2011：86.

过程的影响方式大致可分为直接和间接两类。直接影响是指智库或智库成员以不同方式直接介入政府的决策过程，而间接影响的表现形式则要广泛得多。威尔逊学院在智库治理进程中，对上述两类影响方式均进行了积极探索，形成了符合大学智库特征的多元化影响力实现渠道，为提高自身的决策影响力水平提供了有效的路径支持。

（一）通过"学者—官员"的角色流转发挥智库对决策的直接影响

在直接影响方面，威尔逊学院主要是以人员"旋转门"的形式发挥其对政府决策的影响，这也是在绝大多数美国大学智库特别是一流大学智库中普遍存在的现象。实际上，"智库本质上寻求的就是在知识和权力的鸿沟之间搭建桥梁"[1]，而"旋转门"制度恰恰为知识与权力的结合提供了载体。在威尔逊学院，学者在政学两界角色转换的案例比比皆是。如经济学家艾伦·布林德曾任总统经济顾问委员会委员、美联储副主席；计算机学家爱德华·费尔顿曾任美国联邦贸易委员会首席技术官、白宫副首席技术官。学院里大量学者有机会到政府入职，借助跻身决策权力核心的优势，使大学智库在决策过程中发挥影响力。

（二）广泛拓展智库对决策的间接影响渠道

在美国的政治生态中，利益集团、大众传媒和公共舆论是影响政府决策的最重要的外部因素。根据这一特点，美国的智库往往与利益集团、大众传媒和公共舆论之间形成了密切的互动关系，以此

---

❶ MCGANN J G, JOHNSON E C. Comparative think tanks, politics and public policy [M]. Cheltenham and Northampton: Edward Elgar, 2005: 12.

实现智库对决策的间接影响。"利益集团作为美国政治过程中的一支基本力量，在政治和社会生活中起着十分重要的作用，是美国政治制度的产物和权力结构的组成部分，是美国多元化社会的反映，也是公民参政的一个渠道，它们对美国政策制定发挥着重要作用。"❶基于这种认识，美国很多智库都和利益集团建立起了形式多样的联系，成为利益集团获取政策思想和创新观点的重要源头之一。❷威尔逊学院与利益集团之间的互动形式包括接受利益集团的委托课题、与利益集团合办或参加利益集团主办的会议论坛、到利益集团发表演说讲座等，学院的很多研究所都与相关领域的利益集团建立了密切的合作关系，利益集团以设立专项课题形式委托学院的学者或研究所向其提交研究报告，这些报告中的研究结论或政策建议经由利益集团向政府、国会的游说进而对有关决策发生影响。

大众传媒和公共舆论也是威尔逊学院体现智库间接影响力的重要途径。包括报纸、新闻期刊、广播电视、网络等在内的大众传媒，以及由此所引发的公共舆论的观点导向，在影响政府决策环节发挥着重要作用。当社会出现热点问题之后，大众传媒往往会寻求智库专家的解读，很多智库专家也往往乐于借助大众传媒平台发表政策观点，以此提高自身的知名度和影响力。学院的很多学者都是热门媒体上的"常客"，如人权与国际安全专家盖瑞·巴斯（Gary J. Bass）曾任《经济学人》杂志记者，除撰写学术论著外，他还经常在《纽约时报》《华盛顿邮报》《洛杉矶时报》等发表时评文章；经济学家艾伦·布林德是《华尔街日报》的专栏作者，仅 2016 年以

---

❶ 王莉丽. 旋转门——美国思想库研究 [M]. 北京：国家行政学院出版社，2010：75 - 76.

❷ STONE D，DENHAM A. Think tanks traditions：policy research and the politics of ideas [M]. Manchester：Manchester University Press，2004：8.

来就在该刊发表了近30篇文章，早前他还时常在美国金融广播节目《每晚商务报道》（*Nightly Business Report*）中出镜受访；地球科学与国际事务专家迈克尔·奥本海默（Michael Oppenheimer）担任过很多广播和电视节目的评论嘉宾，其中包括美国广播公司制作的新闻时政谈话类节目《本周》（*This Week*）、《夜线》（*Nightline*）、《新闻时间》（*The News Hour*）等。通过大众传媒，学者们能够更加直接、及时和准确地阐明观点，同时也借助广泛的受众面而极大地拓展传播广度。实际上，在美国社会中，"公共专家与记者和编辑之间形成了共生关系，专家们在报纸专栏、广播新闻栏目以及从电视衍生出来的访谈节目（如 PBS、CNN、C – SPAN）中发现了机会……他们最大的权威性体现在他们的可见性，即他们可以对突发事件进行评论，或者及时撰写专栏报道。总体而言，这类专家为新闻报道做出的额外贡献颇具价值"❶。

五、对我国大学智库建设的启示

打造具有中国特色的新型高校智库，是新时代赋予我国高校的重大使命。客观而言，尽管近年来我国在高校智库建设方面已经取得了不小的进步，但对于大学场域内的智库治理而言，还是一个仍待深入探索的新领域。如何充分发挥高校的学术优势，建立科学有效的智库治理机制，为孵化一流高校智库提供制度土壤，是所有致力于智库建设的高校必须积极面对的严肃命题。在这方面，以威尔逊学院为代表的美国一流大学智库的治理经验，对我国高校探索智库建设路径具有极为现实的借鉴价值。

---

❶ SMITH J A. The idea brokers: think tanks and the rise of the new policy elite [M]. New York: The Free Press, 1991: 225.

（一）将研究所建成高校履行智库职能的基层"细胞"

威尔逊学院在确保人才培养和学术研究活动高质量开展的同时，还能够建成知名的大学智库，一个重要举措就是切实发挥了学院下设的实体化研究所的智库职能。在我国绝大部分高校的二级学院内，研究所或类似机构也普遍存在，但这些研究所大都没有明确的机构属性和职能归属，建制"虚化"，很多研究所除一个名义上的"所长"或"主任"外，并没有固定的研究团队，根本无法开展有效研究。基于国外大学的实践经验和智库发展的未来走势，二级学院在很长一段时间将是我国高校智库建设的主力，同时可以肯定的是，对二级学院来说，教学和科研是其必须完成和追求卓越的首要工作。在这种情况下，二级学院应如何开展智库建设？实体化的研究所是可行的路径之一。实体化的研究所拥有相对独立的机构建制、较为固定的研究团队、特定的研究领域和灵活的学术权力，由于其成员本身就是学院教师，因此既能根据学院统筹开展正常的教学、科研活动，为学院提供有效支持，也能够相对独立和灵活自主地开展政策研究和咨询服务，为学院扮演好智库角色、发挥智库职能提供制度保障。

（二）积极构建多元化的智库研究团队

智库的基础职能是政策研究与决策咨询，这一职能的有效发挥依赖于更加多元的人才支持。多元化是现代智库人员结构和知识背景的基本特征，合格的智库成员和智库团队，不仅需要扎实的学术基础与研究能力，还需要丰富的实务经验与实践视野。威尔逊学院借助"旋转门"机制和灵活的人才聘用方式，极大丰富了智库的成员构成，为产出兼具理论指导价值和实效性、针对性、可操作性的智库成果提供了智力准备。与美国相比，我国高校智库的人员"旋转门"现象并不常见，这种差异源于行政体制和人事制度方面的区别。对此，我国高校有必要加强与政府机构的人事沟通，开展"旋转门"尝试，但更重要的，是根据具体国情探索适合我国高校智库的团队建设机制。

高校智库团队建设机制的创新，核心是赋予高校智库用人自主权，关键在于用人方式的灵活、高效。由于智库承担的大多数研究活动具有"短、平、快、新"的特点，很多情况下需要及时充实能够满足即时性工作需要的人员，但由于高校智库缺乏足够的用人自主权，人才聘任往往既要达到所在高校的相关标准，又要经过相对烦琐的聘任流程，导致高校智库不能及时、自主地延聘到所需人员。应该认识到，在用人标准和方式上，高校智库和高校母体之间存在明显差异，高校母体在人才引进方面更注重学术背景、教学研究能力以及对学校学科发展的支撑作用，强调人才使用的长期性、稳定性，而高校智库更加看重的是人员与特定研究项目的适任度，用人方式上也由此具有了短期性、兼职性的特点。这种差异决定了我国高校在智库治理领域应尽可能根据智库的特点赋予其更大的用人自主权，不必拘泥于高校的用人标准和用人方式，鼓励智库以兼职研究员、项目顾问、咨询专家、项目调研员、访问学者等多种方式，从政府、高校、企业、社会团体等多个渠道吸收和补充新鲜力量，同时也可根据实际需要将本校相关学科的学者以及符合条件的博士后和博士研究生纳入智库项目研究团队，建立起一支专兼职结合、长短期交替、背景多元、领域互补、注重实效的符合现代智库特点的研究团队。

（三）有效探索高水平智库成果的产出机制和转化途径

无论是实体化的研究所架构，还是多元化的团队构成，这些智库治理举措最终应服务于高质量的智库成果的产出。能否达到这一目标，除体制和人员保障外，还需积极探索符合高校智库特点的创新性研究模式。威尔逊学院的协同化智库研究模式为我国高校提供了有益参照。智库是生产政策思想的机构，有价值的政策思想往往是在智力碰撞过程中产生的，而协同化研究正是智力碰撞的最有效途径之一。应用与推广协同化研究模式，我国高校一方面应该在多元化人才团队建设领域持续发力；另一方面还应从研究项目的组织形式和实施设计上进行探索，以形成协同化研究的机制基础。尤其是那些需要庞大团队合作完成的综合性、战略性、长期性研究项目，应该在项目启动阶段就建立起既有分工又有合作，既有交叉又相对独立、微观放开与宏观整合相结合的研究架构，为切实发挥高校智库智力资源富集的优势提供保障。

基于协同化研究模式而产出的政策观点、主张和建议，只有经过政策转化才能体现价值。在实践中，我国高校智库研究成果的政策转化渠道仍相对单一，主要集中在为决策部门提供咨询报告、政策建议方面。实际上，高校智库成果的政策转化途径，或者说智库的政策影响渠道完全可以拓展到更大的范围。威尔逊学院对多元化影响力实现渠道的探索，是值得我国高校智库借鉴的。根据我国各级政府决策过程和方式的实际需要，高校智库除继续保持和加大向政府提交咨询报告和政策建议的力度外，也应根据自身特点开辟新的政策影响渠道，如以《中国共产党党委（党组）理论学习中心组学习规则》的实施为契机，更加积极主动地参与各级党委、政府的理论学习活动，直接向决策者提供智库观点；与主流媒体和新兴媒体建立常态化联系，及时就公共热点和焦点问题向社会发出智库"声音"，以酝酿和引导公共舆论的方式影响政策决策；举行开放性政策论坛、研讨会、座谈会、发布会等，广泛邀请政府官员、智库同行、媒体记者和社会人士与会并开展多方交流和互动，有针对性地推介和传播智库方案等。通过多元化影响力实现渠道的探索，高校智库借以从幕后走向台前，提高自身的社会存在感和公共知名度，由此打造具有显著政策影响力的智库"品牌"。

第六章

美国大学智库的核心竞争力

大学智库是智库中独具特色的一个类型。大学智库立足大学的资源优势，以为政府提供政策咨询为宗旨，在日益复杂的国内外政治环境中为提高政府决策的科学化水平发挥着重要作用。美国大学智库的核心竞争力主要由独立的运营模式、多样的人员构成、广阔的成果推广渠道和国际化的发展视野四个部分构成。美国大学智库核心竞争力的形成离不开两个方面因素的共同作用：一方面是内部组织管理，其中包括人才引进激励机制、多渠道的资金来源、高质量的研究成果、积极履行社会责任；另一方面是外部环境驱动，其中包括学术环境、政治环境、信息网络环境、媒体环境等。借鉴美国大学智库的发展经验，有助于推动中国特色新型高校智库又好又快地发展，进一步提高政府治理水平，构建适应我国国情且具备核心竞争力的大学智库。

第一节 美国大学智库核心竞争力构成要素

大学智库的研究成果是思想产品，在思想产品市场拥有核心竞争力是每一所大学智库的不懈追求，大学智库的研究成果能否得到决策者和群众的认可，关键取决于大学智库的核心竞争力。同时，大学智库与企业同样也处于相互竞争的社会环境中，只有拥有核心竞争力的大学智库才能在竞争激烈的思想市场中拥有一席之地。核心竞争力是大学智库在持久竞争中取得优势的法宝，是促进大学智库形成特色研究领域的前提。王莉丽认为智力资本是美国智库形成核心竞争力的源泉，其中智力资本由人才资本、传播资本和制度资本几个要素组成。美国布鲁金斯学会主席约翰·桑顿指出，"质量、独立性和影响力"是一个一流智库必须坚持的核心价值观。他的观点和王莉丽坚持的智力资本的观点不谋而合，王莉丽所强调的智力资本中的人才资本是保证智库进行高质量政策研究的基础；智力资本中的传播资本实质上就是强调影响力的重要性；智力资本中的制度资本的核心就是保证智库的独立性。美国大学智库的核心竞争力是由多种构成要素共同作用而形成的，各种构成要素相辅相成形成了美国世界一流的大学智库。基于美国大学智库的独特优势，结合众多学者有关智库核心竞争力的观点，本书认为美国大学智库的核心竞争力由以下要素构成。

一、独立的运营模式

从前文学者们对智库以及大学智库概念的界定就可以看出，智库的独立性是每位智库研究者都认同的智库的根本属性。只有具备独立性的智库才能提供客观的政策建议，运营模式的独立性成为美国大学智库核心竞争力的关键构成要素。美国大学智库运营模式的独立性主要体现在以下几个方面。

（一）经费独立

经费是决定大学智库存亡的关键因素。美国大学智库的资金主要来自大学的常规拨款、企业和基金会的资助以及智库研究成果所获得的收入这几个方面。其中，大学对其附属智库的拨款仅占很小一部分，主要的资金来自各大基金会和财团的资助，比如加利福尼亚财团和洛克菲勒财团还有一些世界性的大公司都是很多大学智库的背后金主。如此多元化的经费来源不仅为大学智库供给了充足的研究经费，而且还有效减少了资助方对政策研究的干预程度。另外，从资助方的角度来看，由于美国慈善文化的传统和完善的税收减免优惠政策，企业、财团都热衷于为智库出资，进而拓宽了大学智库资金来源的渠道，从根本上保证了大学智库的独立性。

（二）思想独立

独立的思想表现为大学智库的研究成果是研究人员不受他方影响，从自身专业角度提出符合理论和实践的政策建议，在提出政策建议时保持思想独立，做出相对客观的政策分析和判断。然而，美国大学智库思想的独立也是相对而言的。美国大多数智库都标榜自己是没有党派和政府倾向的独立性政策研究机构。但是，在党派纷争日趋激烈的情况下，智库出于历史原因、资金来源、未来发展等方面的考虑，大多具有一定的意识形态和政治倾向的烙印。也有人把智库按照保守派、自由派、自由至上主义、民主党、共和党等标记进行划分，这足以说明智库是具有政治色彩的。例如传统基金会、政策研究所等著名的政策宣传思想库，就具有浓重的意识形态色彩和党派倾向。❶ 大学智库虽然很难保证思想的完全中立，但是这种偏好性还不足以影响智库的中立性。虽然有些大学智库会显示出自己的党派色彩和价值倾向，但是它们还是坚守观点独立且具有现实依据的底线，避免成为某一政治团体的傀儡，因为如果大学智库的研究成果有违公正，那么必将影响大学智库的持续性发展。

（三）组织独立

除了资金与思想的独立之外，美国大学智库的组织结构也是独立的。大学智库虽然最初是由大学筹建的，但是美国大学智库往往脱离大学的垂直领导，是独立性的政策研究组织，拥有相对独立的人事任用权、组织管理运作权和财务使用的权力，正是基于这些自主性和独立性的制度，中心的研究人员才能够以客观的态度进行政策研究。

二、多样的人员构成

美国大学智库内部人员构成多样，分工明确，各司其职，保证了大学智库的正常高效运转。

（一）"旋转门"官员

"旋转门"机制是美国政坛所特有的现象，每四年一次的总统大选结果会引起大范围的政府换届，很多之前在政府供职的官员来到智库从事政策研究等待下一次登上政治舞台的机会，供职智库的研究人员也迎来了步入政坛的机会。"旋转门"这一比喻十分形象地体

---

❶ 任晓. 第五种权力——美国思想库的成长、功能及运作机制 ［J］. 现代国际关系，2000（7）：18－22.

现出智库研究人员与政府工作人员之间的角色转换。以连续四年蝉联《全球智库报告》中世界第一位置的大学智库贝尔弗中心为例，其目前有 58 名正式员工，并汇集了来自世界各地的 300 多位政府和学术界的顶尖专家。其理事长是上任国防部长阿什·卡特（Ash Carter），副理事长是曾任卡特参谋长的埃里克·罗森巴赫（Eric Rosenbach）。❶

（二）科研人才

人才是美国大学智库的灵魂。大学智库研究人员既要有扎实的专业基础，又要对世情和国情有充分的了解，提出符合社会实际的政策建议。在人才引进方面，美国大学智库建立起了一套行之有效的人才引进机制。美国大学智库的人才队伍不仅包括专业的研究人员，还包括本校各学院的教师职工，甚至部分感兴趣的学生。为了提高科研队伍的素质，一些大学智库还积极吸纳来自其他高校、基金会的学者，招收国际访问学者和博士后访问学者，充分发挥学者的不同学科背景、不同国籍优势，形成大学智库的全球力量。❷

（三）行政管理人员

根据大学智库的发展需要，美国大学智库一般采用合同和聘任制的方式录用工作人员，并有专门的行政管理工作人员辅助科研人员工作，高素质的行政管理工作人员使科研人员更好地专注于政策研究，是大学智库高效运转的有力保证。大学智库内的行政人员和

❶ The Belfer Center for Science and International Affairs. Fellowships ［EB/OL］. （2018 - 01 - 12）［2019 - 05 - 08］. https：//www. belfercenter. org/index. php/fellowships.

❷ 郭伟. 美国高校教育智库是如何运作的？［J］. 世界教育信息，2017（2）：21 - 22.

研究专家分工明确，形成统一的整体，比机构庞大、人员冗杂的机构更具有优势。

胡佛研究所的人员构成充分体现了多样化的特点。研究所的人员构成基本上可以分为三类：一是以知名学者、官员为主体的常驻研究人员；二是多类型的访问研究人员；三是辅助人员，主要负责项目管理、技术支持、媒体联系、图书档案管理等行政类事务。❶ 三类人员的引入与聘用都由胡佛研究所直接负责，多样化的人员构成促进了胡佛研究所工作效率的提高。

三、广阔的成果推广渠道

如果大学智库拥有高质量的研究成果，但是不能把研究成果转化为切实可行的政策，那么大学智库便失去了存在的意义。大学智库最重要的影响力在于大学智库提出的政策建议的影响力，大学智库的研究成果如果不能转化为现实政策，也只能是纸上谈兵。美国大学智库的成果推广机制主要有以下几种方式。

（一）利用媒体宣传研究成果

美国大学智库与媒体是一种相互依存、相互促进的关系。美国媒体为了应对激烈的市场竞争，非常需要大学智库从专业角度解答、分析一些观众感兴趣的问题，提升媒体内容的质量。对大学智库而言，通过媒体宣传自己的政治思想和研究成果也有重要意义，其一，可以引发社会公众对于大学智库研究的热点问题的关注，提高公众的社会责任感；其二，通过公众对社会问题的关注，为智库研究成

---

❶ 陈英霞，刘昊．美国一流高校智库人员配置与管理模式研究——以斯坦福大学胡佛研究所为例［J］．比较教育研究，2014（2）：66-71.

果被决策者采纳提供公众舆论环境；其三，可以提升大学智库的知名度，利用媒体宣传研究成果，不断刷新大学智库的"存在感"。著名大学智库胡佛研究所就十分善于运用媒体进行自我宣传，与大众媒体建立良性的互动。胡佛研究所通过报纸、互联网、电视与电台等大众宣传方式推广学者观点，同时也提升了胡佛研究所的大众影响力。

（二）定期发行出版物

发行出版物是美国大学智库向政府和社会大众传播最新研究成果、扩大智库政策影响力的方式之一。胡佛研究所发行的大量出版物有《胡佛每日报告》《研究员成果合集》《典型见解》等，其中很多出版物都拥有较高的订阅量和固定的阅读群体。❶ 这些出版物及时将最新的研究成果和智库专家的观点与社会分享，是胡佛研究所进行自我宣传的重要途径。

（三）出席国会听证会，举办专题会议

国会在重大政策颁布之前，会邀请大学智库研究人员进行听证。通过出席国会听证会，大学智库的研究人员与国会议员形成了密切的联系，大学智库甚至可以通过制定议案影响国会的决策，达到智库思想成果推广的目的。另外，大学智库还举办各类特色活动，宣传思想成果，加强对政府决策的影响。普林斯顿大学高等研究院经常与国际机构联合举办专题研讨会议、国际学术会议、政治分析会

---

❶ Hoover Institution. Hoover Institution publications ［EB/OL］. （2018 - 01 - 10）［2019 - 05 - 08］. http：//www. hoover. org/publications？ tab = 0.

议等，对学术界产生了深远的影响。❶

四、国际化的发展视野

在全球化的背景下，当代大学智库必须树立国际化视野。美国大学智库坚持国际化的发展原则推动大学智库的国际化。

（一）积极参与国际交流与合作

积极参与国际交流与合作，投身国际问题研究是大学智库在世界范围内提升影响力的必经之路。普林斯顿大学威尔逊公共与国际事务学院是美国大学智库中的领军机构，于 20 世纪 90 年代确立了国际化定位。威尔逊公共与国际事务学院成立了研究中国与世界关系的"中国与世界项目中心"。该中心不仅每年邀请大量来自美国国内的研究人员访学，还和中国学术界保持频繁的互动交流。❷ 同时，中心的研究人员还经常到哈佛大学进行演讲，通过学术互访和交流吸收不同的思想，提升国际化研究能力。

（二）发挥"二轨外交"作用

美国大学智库普遍通过"二轨外交"的方式达到提升国际竞争力的目的。"二轨外交"是一种有别于正式的政府层面的国际机制（一轨）和民间层面国际合作（三轨）的一种基于社会精英层面的国际政策合作研究网络。❸ 随着全球化的深入发展，地区之间、国家

---

❶ 《中国智库综合评价 AMI 研究报告（2017）》发布［EB/OL］.（2017 – 11 – 13）［2019 – 05 – 08］. http：//www. cssn. cn/zx/201711/t20171113_ 3739939. shtml.

❷ 董石桃，刘勇. 美国高校智库国际化发展及其启示——基于普林斯顿大学威尔逊公共与国际事务学院的考察［J］. 比较教育研究，2016（3）：46 – 53.

❸ 朱旭峰. 构建中国特色新型智库研究的理论框架［J］. 中国行政管理，2014（5）：29 – 33.

之间联系日益密切，官方外交的局限性日益凸显，非官方的国际政策合作则进一步提升，充分发挥大学智库的"二轨外交"作用，往往能够起到事半功倍的效果。这一趋势在美国体现得淋漓尽致，美国大学智库在美国"二轨外交"中扮演着重要角色，在双边和多边外交事务中发挥着重要作用。就中美外交来说，虽然近年来彼此间的关系保持总体稳定向好发展，但事实上两国关系中还存在一些敏感问题。面对这一系列问题时，官方的正式外交在某些情况下很难有效地发挥作用，"二轨外交"就在这类问题的研究中应运而生，为这些问题搭建交流的平台。全球知名大学智库斯坦福大学的国际安全与合作中心就承担着"二轨外交"的使命。此外斯坦福国际安全与合作中心还开展过五大核国家对地区安全和经济发展的讨论，充分发挥了大学智库在"二轨外交"中的作用，彰显了世界一流大学智库的风范。虽然，目前大学智库发挥的作用还很有限，但是可以预见，大学智库将会在未来的对外关系领域中发挥越来越重要的作用。

（三）打造国际化研究队伍

拥有大量移民的美国，有兼容并包的传统。美国大学智库每年都吸引大量外籍教师和访问学者加入国际化的研究课题。可以说，没有一支国际化的研究队伍，就不可能建成世界一流大学智库。培养一支高素质的国际化研究队伍，是美国大学智库实现国际化发展的基础。国际化研究人员必须拥有强烈的创新意识和开展跨国学术沟通的能力。威尔逊公共与国际事务学院在普林斯顿大学国际化发展目标的影响下，着眼世界，坚持培养国际化人才，研究国际化发

展课题，高度重视师资队伍的国际化工作。❶

第二节　美国大学智库核心竞争力的形成机制

美国大学智库在国际竞争中的领先地位是内部组织管理和外部环境共同作用的结果，二者不是孤立存在的，而是相互促进的。内部组织管理是美国大学智库核心竞争力形成的基础与内在动力，外部环境是美国大学智库核心竞争力形成的助推器，共同打造了美国大学智库独一无二的核心竞争力。

一、内部组织管理

美国大学智库作为非营利的政策研究机构，内部组织管理极具美国特色。内部组织管理包括大学智库内部组织形式和内部管理机制两个方面，这两个方面也是美国大学智库核心竞争力形成的根本原因。美国大学智库多采用扁平化的组织结构，最高权力机构是理事会，下设研究部门和行政管理部门。研究部门包括常设部门、研究中心和临时设立的课题组。前两者是常设单元，课题组则在课题结束后自动解散。智库的内部结构小而精，参与研究和推广的兼职人员数量多，而专职的政策研究人员只占一少部分。扁平化的组织结构突破了部门之间、上下级之间森严的等级界限，加强了部门间的沟通合作，为政策研究提供了良好的组织环境。内部管理方式是美国大学智库在扁平化、科学化的组织结构形式下形成的，主要表

---

❶ 张家盛. 普林斯顿大学伍德罗·威尔逊公共与国际事务学院 [J]. 公共管理与政策评论，2014（1）：96.

现在组织对于人、财、物（研究成果）和社会责任四个方面的制度管理上。

（一）人才引进激励机制

人才是决定大学智库研究成果质量的决定性因素，是大学智库学术水平的根本保障，美国大学智库深谙其道，美国世界一流大学智库是在智库专家的驱动下形成的。大学智库相较官方智库和民间智库，具有优先利用大学人才资源的优势，所以在大学智库的人才引进方面，美国大学智库坚持以人才为中心，争取吸引高素质人才加入大学智库，投身政策研究。大学智库立足大学的优势学科，吸引学术带头人成为智库专家，为其建立自主、自由的研究空间，使智库专家的学术潜能充分发挥，在学术上做出重大突破，可以说没有智库专家的学术"领头羊"的指引，就没有一流大学智库。人才引进以后，更为重要的是形成激励机制，为人才搭建发展平台，打通职位晋升的通道，为人才发展提供更为广阔的空间，激发人才的研究潜力。美国大学智库建立起动态的人才制度，及时更新人才需求信息，促进智库内形成稳定、持久的人才资源。美国大学智库通过提高其研究人员的薪资，使研究人员通过外部比较得到心理平衡和获得感，更坚定在智库从事研究的决心，直接提高研究效率，形成尊重知识、尊重人才的智库氛围。

（二）多渠道的资金来源

多渠道的资金来源是大学智库思想独立的保障。大学智库是否拥有独立的资金，直接关系到智库的可持续性发展、影响力以及研究成果的质量。只有以充足的运转资金作为后盾，才能聘请国际一流的专家、加强媒体对智库的宣传、引进先进的科学技术。由于美国特有的政治、经济、社会环境，美国大学智库资金来源呈现多元化趋势，既有大学、政府的资助，也接受来自企业、社会的捐助。哈佛大学费正清中心的资金来源发展史恰好印证了这一点，在成立之初，中心的资金来源仅仅是哈佛大学提供的最基本的维持资金。20世纪50年代，随着美国政府对中国重视程度的提高，中心获得了来自美国政府的资助。直到20世纪70年代，社会捐赠才成为中心的主要资金来源渠道。为了维持中心的长期稳定发展，中心把大量捐赠资金存入银行或者通过哈佛管理公司进行投资运作，中心的日常开销仅凭利息就足以维持。这样的资金管理方式使得费正清中心在20世纪90年代资金就已经达到1700万美元。❶ 充足的资金是打造一个世界一流大学智库的必要条件，多渠道的资金来源是美国大学智库迅速发展的原因之一，而单一的资金来源却也是中国大学智库发展的桎梏。

（三）高质量的研究成果

大学智库的独立程度归根结底在于社会与政府对智库研究成果的认可度，只有提出有影响力、面向现实的高质量研究成果，才能为智库产出独立的研究成果赢得更多空间。大学智库的根本使命在于研究成果产出，美国大学智库坚持研究成果的优质性和可行性，以智库的研究成果必须面向现实为原则。20世纪80年代初，美国国内经济低迷，国力衰退，里根总统受命于危难之际，奇迹般地迅速

---

❶ 薛龙．哈佛大学费正清中心50年史：1955—2005［M］．路克利，译．北京：新星出版社，2012：19.

将美国低迷的经济状况扭转，极大地缓解了通货膨胀压力。这与里根总统善于集思广益，对胡佛研究所的研究成果十分认可，经常造访胡佛研究所进行政策咨询有很大关系。因此，也有学者把胡佛研究所称为"里根的思想库"❶。胡佛研究所也因备受里根总统青睐而成为当时最具影响力的大学智库。

（四）积极履行社会责任

1963 年美国加州大学伯克利分校的前校长克拉克·科尔在哈佛大学的一次演讲中提出，"今日之大学主要的功能不止于教学与研究，已经扩展到服务"❷。美国大学智库的超前性不仅表现在大学智库的学术和政治影响力方面，还应该从时代发展与社会进步的角度来衡量其价值。

1. 提供社会培训服务

美国大学智库除了要为公共政策提供建议之外，还积极利用自身优势履行社会服务的责任，例如提供专业的法律、经济、心理咨询工作或者义务为企业发展规划提供指导等，提升大学智库学术资源的利用率和附加值，拓展政策咨询服务的应用范围，实现资源利用的最大化。哈佛大学肯尼迪政治学院过去一直为新当选的国会议员举办情况介绍班，以使他们能够迅速适应新的工作，尽快进入新的角色。

---

❶ 丁幸豪. 里根的"思想库"——胡佛研究所和乔治城大学战略和国际问题研究中心［J］. 国际问题资料，1981（1）：10 – 16.

❷ 克尔. 大学之用［M］. 高铦，高戈，汐汐，译. 北京：北京大学出版社，2008：10.

2. 引导社会舆论导向

美国大学智库利用学术权威积极引导社会舆论导向。社会舆论导向是社会进步不可忽视的力量，社会舆论是社会意识的"体温计"。大学智库的服务对象不仅局限于统治阶级、决策者，还应该面向社会公众。作为政府和公众之外的"第三方"，美国大学智库充分利用大众传媒，在政策出台之前衡量公众对政策的接受和认可程度，为政策的正式出台提供依据，集中体现了美国大学智库的社会服务职责。

3. 培养科学研究人才

利用自身资源优势，积极培养人才也是美国大学智库提供社会服务的表现，这也是大学智库与其他类型智库的主要区别之一。美国大学智库的工作人员主要来自所依附大学的教师和研究生，对于他们来说，参与智库工作不仅可以获得报酬，还是提升自身科研能力的重要途径。有的大学智库设有博士点、硕士点，可直接培养研究生，有的大学智库甚至承担起部分教学任务，直接参与人才培养。国际安全与合作研究中心为斯坦福大学学生开设"军事技术与国家安全"和"核武器国际史"的课程。该中心还经斯坦福大学的许可，设立了国际安全的辅修项目，鼓励对国际安全问题感兴趣的学生参加项目。另外，中心还设立奖学金，吸引全国各大名校中从事国际安全问题研究的优秀学者加入中心的博士项目中，进一步发掘他们的个人潜能，从而达到研究与教学的目的。❶

---

❶ 马艳艳，薛理泰. 美国高校智库的发展经验及启迪［J］. 学术论坛，2016（4）：144－150.

二战结束后，中国对美国来说还是一个很神秘的国家，美国对中国增加了解的需求十分迫切。1955 年，哈佛大学费正清中心成立，费正清中心始终保持中国研究领域的领军位置，间接地影响着美国的对华政策。费正清不仅是一位学者更是一位教师，他始终致力于培养美国最好的中国研究队伍，培养了大批该领域的学术骨干，后来几乎垄断了美国主要大学的中国研究和教学。❶

二、外部环境驱动

学术、政治、网络信息、媒体环境是美国大学智库发展的得天独厚的优势。伯顿·克拉克三角协调模式认为："高等教育系统的发展受政府权力、学术权威和市场三个方面的共同制约。"美国大学智库附属于高等教育系统，依据三角协调模式，本书把影响美国大学智库核心竞争力形成的外部环境归结为学术环境、政治环境、网络信息环境和媒体环境。美国大学智库的网络信息环境和媒体环境都是三角协调模式中"市场"的具体表现，因为，伯顿·克拉克指出，市场旨在满足消费者的意愿，美国大学智库利用媒体环境、顺应网络信息潮流都是为了提高政策研究的质量，满足决策者的意愿。

（一）学术环境

美国世界一流大学林立，世界一流大学孕育了世界一流大学智库。美国大学智库的主要研究领域各异，往往与其所属大学的综合实力有密不可分的关系。大学智库的突出研究领域往往依托于大学的优势学科。美国最为著名的 USNEWS 大学排名 2017 年数据显示，

---

❶ 薛龙. 哈佛大学费正清中心 50 年史：1955—2005 ［M］. 路克利，译. 北京：新星出版社，2012：2.

斯坦福大学的环境研究排第一名❶，经济学专业也被誉为全美经济专业最好的五所大学之一。依附于斯坦福大学的胡佛研究所在这几个领域的世界排名都位于前列。一所大学的优势学科是长久以来文化积淀和强大的师资力量共同作用的结果，借助于大学建立的智库便有了先天的发展优势。大学智库是促进研究成果由理论走向实际的桥梁，所以，大学智库的强势研究领域与大学的优势学科是相辅相成、共同发展的。

另外，美国大学智库的发展离不开美国世界先进的教育和尊重知识的传统。美国是一个多元文化融合的国家。历史上新移民来到美国建立新国家、新秩序，新兴的国家建设让他们对人才求贤若渴，所以美国把尊重知识、尊重人才放在了美国教育文化的首要地位。

（二）政治环境

美国实行三权分立与制衡相结合的政治制度，在这种分权制衡的形式和宽松的政党制度背景下，决策者为了赢得民众的支持，不得不向外部政策研究机构寻求政策建议，这也为大学智库的发展提供了更大的发展空间，提供了"政治沃土"。

政治环境对美国大学智库的促进作用还表现在"旋转门"机制上。学者王莉丽认为："旋转门"机制使智库成为政府培养和储备人才的港湾。❷她的认识准确地概括出智库与政府之间微妙的关系。曾任美国国务卿的赖斯作为苏联和东欧问题专家，在老布什任总统时期被提携，四年任期满卸任后，回到胡佛研究所继续从事政策研究，

---

❶ US News. Methodology: best science schools rankings ［EB/OL］. （2018 - 03 - 19）［2019 - 05 - 08］. https://www.usnews.com/education/best - graduate - schools/articles/science - schools - methodology.

❷ 王莉丽. 美国智库的"旋转门"机制 ［J］. 国际问题研究，2010（2）：13 - 18.

2000 年其又通过"旋转门"机制被小布什总统揽进政府。哈佛大学贝尔弗中心更是聚集了大批曾经在政府部门、外交机构任职的专家和研究人员。"旋转门"机制既激励了大学智库政策研究人员的工作热情，又成为理论研究成功转化为具体政策的捷径。

（三）网络信息环境

身处于竞争激烈的全球"智库热"时代，想要在国际竞争中取得优势，仅仅依靠"关门闭户"埋头研究是远远不够的，信息技术的发展为大学智库创造了更广阔的上升空间和发展机遇。运用现代科学技术手段可以丰富大学智库的资料信息库，保证政策研究的科学性。随着大数据时代的来临，大数据正在改变人类对世界的认识，颠覆了传统的数据处理方式。美国是大数据的发源地，随着大学智库研究的日益深入，借助大数据以及云计算的力量对数据进行挖掘，既可以用定量的技术方法为决策提供科学合理的支撑，也可以科学地分析事物的发展走向，提高大学智库研究成果的科学性。

（四）媒体环境

在大学智库研究成果的推广过程中，大众媒体起着决定性的作用。传播大学智库的思想成为美国媒体在激烈的市场竞争中处于上风的法宝。在美国，电视台、电台、报刊竞相引用大学智库专家的观点，访谈大学智库专家已经蔚然成风，这样的媒体环境为美国大学智库的发展营造了良好的生长空间。新闻媒介在信息传输的同时，还是充分反映、引导舆论，实现舆论控制的最重要工具。美国媒体左右公众舆论的能力十分突出，对于公众普遍不了解的国际问题，他们更易于依靠报纸上或电视上的时事分析，形成个人的价值判断。

这样的信息传播方式，树立了大众传播媒介在传播过程中的绝对权威，使公众更倾向于接受大众传播媒介传递的观点、认识和态度，也为大学智库在美国的发展提供了更大的平台。

美国大学智库的建设经验及其启示

　　经过二战以来多半个世纪的发展，大学智库已经成为发达国家智库领域具有举足轻重的影响力的组成力量，在国家重大决策和战略研究、咨政建言、人才培养、舆论引导、公共外交等方面所扮演的关键性角色，所发挥的独特作用得到各国政府和社会的高度认可，大学智库作为"政府外脑""第五种权力"的形象也深入人心。

　　美国大学智库所取得的历史成就，对正在致力于建设中国特色新型高校智库的我国大学而言极具现实借鉴意义。客观地说，智库建设对我国大学还是一个"新生"话题，但同时也是一个必须积极回应的重大现实课题。近年来，党和政府基于新时代社会发展的实践需求，从完善国家治理体系、推动国家治理能力现代化的战略高度，做出了大力加强智库建设、发展中国特色新型智库的决策部署。作为学术资源富集区和高层次人才聚集地，我国大学在建设中国特色新型智库领域承担着责无旁贷的历史使命。也正是基于这种考虑，2014年教育部印发了《中国特色新型高校智库建设推进计划》，明确提出建设中国特色新型高校智库的总体目标。党和政府的战略决策和教育部的推进计划为我国大学的智库建设指明了总体方向，不过毋庸讳言的是，在探索具体、有效的智库建设与发展方式方面，相较于已在智库建设领域积累了丰富经验的美国大学来说，我国大学仍有不小的差距，需要认真分析并借鉴其经验教训，并在结合自身优势与特色的基础上探索适合我国大学特点的新型高校智库建设路径。这也是本书着眼于研究美国大学智库的动因所在。

第一节　美国大学智库的建设经验

众所周知，美国智库领域的竞争是异常激烈的。与大学智库并驾齐驱的官方智库和民间独立智库这两大类型智库在职能聚焦、资源占有、与政府权力的密切程度等方面拥有较大学智库更明显的优势。在这种情况下，大学智库能够实现异军突起，成长为一个具有独特优势、形成公认品牌、产生广泛公共决策影响力的智库类型，实属难能可贵。这一成就的取得，在很大程度上得益于大学智库和大学母体之间形成了互动共生的良性生态结构，得益于大学智库积极发挥自身的学术优势，在明确智库定位和服务导向的前提下不断开辟特色化的智库职能，还得益于大学智库有效运用人才"旋转门"的制度机制优势。

一、与大学母体形成互动共生的良性生态

在美国，高水平大学智库的孕育母体往往是那些有着雄厚学术积淀和人才储备的知名研究型大学，这从一个侧面反映出大学母体对大学智库提供的强大的支撑作用。相对于学术实力较弱的一般性院校，研究型大学所拥有的人才汇聚优势、学科交叉优势、传媒影

响优势、公众认可优势等能够为高水平大学智库的萌芽、生长和壮大提供更为充足的养分支持。从另一个侧面来看，高水平大学智库在运行和职能发挥过程中，又对大学母体产生了积极影响。大学智库通过开展政策研究、参与公共决策、引导社会舆论、培育智库人才等方式，促进了所在大学相关学科学术水平的提升和服务能力的增强，极大提高了所在大学的知名度和影响力，对所在大学的发展起到了重要的反哺作用。这样一来，大学母体和大学智库在发展过程中逐渐形成了一种互为支撑、互相带动、互动共生的良性生态架构，这是美国大学智库建设取得显著成就的重要经验。

（一）大学母体对大学智库的支撑作用

对政府决策施加影响，是智库职能的最集中体现。美国大学智库通过高水平的研究成果，在政府决策领域显示出了极强的影响力。这种影响力的获得，与大学智库母体的学术支撑有着密不可分的内在关系，尤其集中体现在大学母体对智库的人才支撑、学科支撑和组织支撑等几个方面。

首先，大学母体的人才优势为大学智库的职能发挥提供了基础支撑。与其他类型的智库一样，大学智库最直接的产品是政策研究成果，产品的价值则体现在其对政府相关决策的影响程度上，而这最终取决于政策研究成果本身的质量。那么，作为决定研究成果质量的核心要素，智库的人才储备显然就成为影响智库职能发挥的关键。在这方面，大学智库依托母体的人才优势而获得了先天的有利条件。以美国为例，美国的大学是全球最大的人才储备库，汇聚了各个学科领域的学者精英。如在自然科学领域，美国大学拥有全球超过70%的诺贝尔奖获得者；而在与智库关系更为密切的社会科学领域，以美国人文与科学院或美国文理科学院（American Academy of Arts and Sciences）为例，2013 年该院社会科学界别下辖 5 个学科（分别为：社会、发展心理与教育；经济学；政治学、国际关系与公共政策；法学；考古学、人类学、社会学、地理学与人口学）的 880 名院士中，约 800 名来自大学，占比约 91%。❶ 这充分体现出美国大学的人才优势。依靠这种优势，大学智库获得了雄厚且源源不断的智力支撑，如胡佛研究所就拥有 4 位诺贝尔经济学奖获得者、2 名国家科学奖章获得者、6 名国家人文奖章获得者，有 25 名美国人文与科学院院士，6 名美国科学院院士。❷ 借助这种人才资源，大学智库拥有了其他类型智库难望其项背的学术优势，进而将其转化为智库发展的动力源泉，为大学智库保持较高的政策研究水平提供了有力支撑。

其次，大学母体的学科交叉优势为大学智库的职能发挥提供了有效平台。现代政策研究的突出特点是综合性与复杂性，任何一个领域的政策研究都需以多学科的理论知识作为基础。不只是传统的外交政策与国际关系研究需要政治学、经济学、社会学、文化学等多学科知识的辅助，而且新兴的公共管理、经济、教育、环境保护等领域的研究，也同样需要多学科知识的交叉作为支撑。从学科交叉的角度来看，大学智库显然比其他类型智库更具优势。由于大学智库所依托的往往是那些历史悠久、学术积淀深厚的研究型大学，而这些大学本身在学科交叉方面就具有得天独厚的条件，因此大学智库在发展过程中得以倚重这一平台，不断深化和丰富自身的研究

---

❶ AAAS. List of active members by class［EB/OL］. （2013 – 09 – 05）［2019 – 05 – 08］. https：//www. amacad. org/multimedia/pdfs/classlist. pdf.

❷ Hoover Institute. Awards and honors［EB/OL］. （2014 – 04 – 24）［2019 – 05 – 08］. http：//www. hoover. org/fellows/awards.

活动。麻省理工学院的著名智库能源与环境政策研究中心就得到了该校斯隆管理学院、经济学系、能源中心三方的共同支持，这三个机构及其所涉及的管理学、经济学、工程学在全美大学中都处于一流之列，如管理学全美排名第5，经济学和工程学全美排名第1。在这三个顶级学科的支撑下，能源与环境政策研究中心在相关领域的研究始终保持在较高水平，在2013年全球能源与资源政策智库排行榜中，该中心名列第4。❶ 这一成就的取得，显然与麻省理工学院的学科交叉优势对该中心的支持是密不可分的。

最后，大学母体的组织优势为大学智库的职能发挥提供了切实保障。如前所述，包括大学智库在内的现代智库，其政策研究具有明显的综合性、复合性和交叉性特征，很多研究活动需要依托具有多重学术背景的综合性团队来实施。对于大学智库而言，大学内部的人才组合和流动机制，为大学智库政策研究职能的顺利发挥提供组织优势。例如，在胡佛研究所常驻的100多位研究人员中，80%以上为高级研究人员，有105人次是美国各类院士和各类奖章的获得者。这些研究人员中又有80%以上由胡佛研究所和斯坦福大学其他院系联合聘任，由胡佛研究所和其他院系分别支付相应的聘任费用，使这些研究人员可以在胡佛研究所和斯坦福大学其他院校之间相互转换。❷

依托上述在人才、学术和组织等方面的优势，美国众多研究型大学为大学智库的孕育与发展提供了强大的支持，使大学智库得以在激烈的智库竞争中赢得先机，进而成长为美国智库领域中的一个重要类型。

---

❶　MCGANN J G. 2013 global go to think tank index report［R］. Philadelphia：University of Pennsylvania，2014：57.

❷　张东刚. 发挥高校优势，打造新型智库［EB/OL］.（2014 - 03 - 24）［2019 - 05 - 08］. http：//www. jyb. cn/talk/ftjb/201403/t20140324_ 575221. html.

（二）大学智库对大学母体的反哺与促进

在美国大学智库的发展进程中，大学母体为大学智库提供生长的土壤和养分是一个值得关注的现象，而大学智库反过来又通过良好的运行与职能发挥积极反哺、促进大学母体的持续发展（见图 7－1），这也是一个值得特别关注的现象。

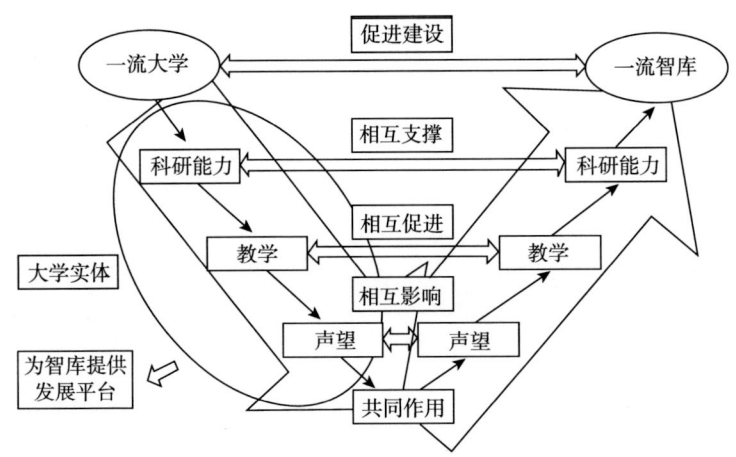

图 7－1 大学智库与大学母体的互动共生良性生态结构
资料来源：胡光宇. 大学智库［M］. 北京：清华大学出版社，2015：15.

大学智库之所以能够对大学母体的发展起到反哺和促进作用，其逻辑依据在于，大学智库自产生之日起便是大学的内在有机组成部分，是大学教学、科研和社会服务职能融合发展的综合体现。作为大学的有机组成部分，大学智库在大学母体的人才培养、学术研究等方面均能够起到其他机构难以比拟的作用。首先，在人才培养方面，一流的大学智库之所以达到"一流"，一个很重要的表现就是智库的学术领袖在社会上的影响力。智库的重要功能就是影响公共决策，通过影响政府决策，智库的学者会在国家和社会上具有强大的影响力。智库学者通过不断为国家做出政策建议方面的贡献而被认可，进而进一步提升其作为学者和导师的作用与价值。因此，智库的发展有助于大学高水平师资和学术队伍的培育与成长，对大学的人才培养产生直接影响。同时，大学智库作为大学的内设机构，往往还承担着直接培养研究生甚至本科生的职能。这些学生在智库活动中获得了较其他机构更多的参与研究项目与课题的机会。在研究过程中，智库学者作为导师会将很多书本以外的理论知识与实践技巧传授给学生，会以做出高质量的研究成果的标准要求学生，这就使得培养出来的学生具有了更强的实践能力和认识社会的能力，从而显著提高了学生的社会认可度。类似的案例在发达国家大学智库中不胜枚举。其次，在提高大学母体的研究能力方面，大学智库也发挥了重要作用。由于智库的功能决定了智库研究的内容需要深厚的研究基础与跨学科的研究能力，智库在这两方面只有不断创新、精益求精，才能产出足以影响公共决策的高水平高质量研究成果，才能成长为具有深刻影响力的一流大学智库。从实践层面来看，那些跻身一流的美国大学智库通过开展智库研究，极大提高了所在大学所涉及学科的整体研究水平，几乎每一个位居高水平大学智库排行榜的大学智库都对相对应的学科研究实力产生了重要的充实作用。借助于在人才培养和学术研究方面的作用，大学智库还给大学母体带来了巨大的社会声望。社会声望是一流大学建设的重要参照指标，声望甚至代表了一所大学在社会各群体中的价值。大学智库通过参与决策咨询、开展政策研究、影响决策过程，不但提高了自身在政府决策群体中的地位和影响，同时也很自然地影响到社会公众对所在大学的认可程度，从而帮助大学提升社会声望。❶ 这是大学智库反哺和促进大学母体发展的一个隐性但又不容忽视的作用。

二、努力凸显学术优势，提高智库决策服务影响力

在与官方智库和民间智库的激烈竞争中，大学智库如何才能赢得先机？从美国大学智库的发展经验来看，努力凸显自身的学术优势，开辟特色化、独占性的政策研究领域，积极提高智库决策服务的影响力，是值得认真思考的重要经验。

对于大学智库而言，官方智库和民间智库在特色优势方面各有千秋。官方智库往往是政府组织体系的一部分，容易获得重要但又不便公之于众的内部信息资料，这些信息资料对研究成果的准确性和有效性能够产生很大的影响。同时，由于官方智库靠近政府领导和决策高层，与之有着更为直接的联系，因而其研究成果更容易传达给直接决策者，也更容易被接受和采纳。但官方智库也有短板，由于其与政府存在某种附属关系，因此官方智库在研究选题的确定、研究的纵深度以及创新性方面存在着不可回避的局限性。❷

民间智库往往是以市场法人实体的形式存在，采取的是现代企业的运作模式，其研究选题和发展方向是管理高层根据政策市场需求来决定。民间智库的资金雄厚，而且筹集渠道非常多，除以基金会为主体资金来源外，企业和私人也会为其提供大量资金，另外也有一部分经费来自政府合同。相对而言，民间智库无论是在数量规模还是影响力上都有明显优势。从智库研究角度来看，民间智库主

---

❶ 胡光宇. 大学智库 [M]. 北京：清华大学出版社，2015：15.
❷ 王莉丽. 旋转门——美国思想库研究 [M]. 北京：国家行政学院出版社，2010：36.

要专注于紧迫性和前瞻性的政策研究，致力于服务公共利益并且为政府提供政策建议和影响社会舆论。❶ 就其短板而言，市场化的运作范式往往会促使民间智库追求"即刻有用"的职能效果，缺乏开展基础性、长周期、投资回报慢的项目研究的动力。而且，尽管民间智库素来宣称自己的独立性、中立性，但这只是相对而言，它不可能脱离其生存的政治、经济、文化土壤。不同的民间智库在具体问题的研究上总是带有不同的倾向性和偏见。❷ 而且，在西方国家政党轮替的体制背景下，民间智库为了追求决策者的认可，也不可避免地出现"迎合"性的研究趋向，这在一定程度上会损害研究成果的客观性。

相对于官方智库和民间智库，大学智库最大的不同就是承担着培养学生和进行政策研究的双重任务，具有双重角色。在智库的政策研究方面，它们主要从事长期性和深度性的研究，其研究成果的学术性更强。与此同时，无论是人才资源还是学术资源，大学智库都具有自己的独特优势。大学智库所在的大学一般具有悠久的历史，文化积淀深厚，人才培养和学术研究相结合的优势容易形成启发灵感、活跃思维、增强创新性的良好氛围，从而更易于产生创新性的思想、方法、成果和政策建议。另外，大学智库一般专业性很强，长于聚焦某一领域开展长期性、深层次的研究。如哥伦比亚大学的地球研究所、哈佛大学的东亚研究中心、加利福尼亚大学的中国研究中心、约翰斯·霍普金斯大学的外交政策研究所以及耶鲁大学的全球化研究中心等，都是长期在一个或少数几个聚合性领域开展研

---

❶　王莉丽. 旋转门——美国思想库研究 [M]. 北京：国家行政学院出版社，2010：39.

❷　同❶42.

究的知名大学智库。● 从职能结构的角度来看，大学智库所承担的政策研究与官方智库、独立智库恰好形成了互补型的结构，官方智库往往直接为政府决策服务，侧重信息的提供与分析，研究的学术性、思想性稍显不足；独立智库则主要专注于当下性、紧迫性的政策研究，很难集中精力对某一领域进行全面、系统和长期的研究；而大学智库偏重长期性、系统性、战略性政策研究的职能特征很好地弥补了官方智库和独立智库的不足。这是大学智库极力发掘和利用自身学术优势进而提升自身智库品牌影响力的重要起点。

如前所述，与其他类型智库相比，大学智库的研究活动带有浓厚的学术性，因此其研究成果往往会在概念、思想或理论框架等方面有所彰显和侧重，并以此作为政策建议的理论基础对政府决策产生长期的导向性影响。由于具有深厚的学术底蕴，美国大学智库的研究人员在政策研究进程中势必会将这种学术优势自觉地体现于研究成果之中，这也是大学智库长于战略性、系统性政策研究的原因。实际上在现代政府决策中，大学智库的研究人员提出的一些重要理论主张在政府的战略决策中得到了体现。美国学者约翰·古德曼曾说："美国很多政策来源并不是政党、政客或者财团，相反这些观点大多来自全国各地的校园、智库和其他研究机构……"● 对当代美国对外政策曾产生重要影响的"民主和平论""文明冲突论""软实力""历史的终结"等理论观点或思想主张，其产生的源头都可追溯到大学智库。如"民主和平论"的代表人物米切尔·多伊尔（Michael Doyle）、"文明冲突论"的奠基人塞缪尔·亨廷顿，"软实力"

---

❶ 王莉丽. 旋转门——美国思想库研究［M］. 北京：国家行政学院出版社，2010：37.

❷ 鲁鹏. 浅析美国大学"智库"对美国外交政策的影响［J］. 科技创业月刊，2013（5）：151-153.

概念的提出者约瑟夫·奈，"历史的终结"理论的倡导者弗朗西斯·福山（Francis Fukuyama）等，都曾是著名大学智库的成员。而源自这些智库的上述重要理论对当代美国国家安全和对外关系政策的影响，是无论如何评价都不过分的。从这个角度来看，尽管与其他类型智库相比，大学智库在满足即时性、紧急性政策的制定需求方面或许力有不逮，但在通过战略性和长期性的政策研究、提出具有深刻价值导向的理论，进而影响政府的战略决策方面，大学智库的优势特征是显而易见的。

以曾深刻影响20世纪90年代克林顿政府对外政策，并成为21世纪初小布什政府"新干涉主义"重要基础的"和平民主论"为例，该理论就是由普林斯顿大学伍德罗·威尔逊公共与国际事务学院的米切尔·多伊尔于1983年在总结前人成果的基础上系统提出的，而威尔逊学院是美国国家安全与国际事务领域的著名智库之一，素以雄厚的专家队伍和具有战略前瞻性的政策研究闻达于世。2006年9月，同样是由威尔逊学院发布的《铸造法治之下的自由世界——21世纪美国国家安全战略》（*Forging a World of Liberty Under Law*：*U. S. National Security In The21*ˢᵗ）也受到了美国乃至国际社会的广泛关注，被视为小布什政府国家安全战略的所有替代性方案中"最为重要的一个"。这份报告不同于一般的国家安全战略报告之处，就在于它具有鲜明的理论色彩，提出了一些相当重要的关键性概念和范畴。❶ 这份被誉为"21世纪的 X 文章"❷ 的报告在为期两年多

---

❶　杨玉良. 大学智库的使命［J］. 复旦学报（社会科学版），2012（1）：1-4.

❷　"X 文章"是指由美国著名外交家和历史学家乔治·F. 凯南（George F. Kennan）化名"X"于1947年在美国《外交事务》杂志发表的题为《苏联行为的根源》一文。文章系统阐述了美国应对苏联采取"遏制战略"的动因和具体策略，被视为冷战时期美国对苏战略的思想基础，乔治·凯南本人也由此获得了"遏制之父"的称谓。

的撰写过程中，不但有威尔逊学院整个智库的学术精英，而且还有数百位美国政要、著名战略学家和国际关系理论专家共同为之出谋划策。值得注意的是，这份报告是威尔逊学院于 2004 年发起的"普林斯顿国家安全项目"（*The Princeton Project on National Security*）的最终成果，而威尔逊学院实施该项目的初衷，就是要为美国在 21 世纪延续"帝国梦"确立一个"可持续和高效率"的国家安全战略政策框架，以"加强和更新美国国家安全战略的思想基础"❶。由此可清楚地感受到大学智库在美国政策研究领域的侧重点。

三、有效发挥"旋转门"的机制优势

生产政策思想和提供政策方案是智库核心职能的基本体现，毫无疑问，这一职能的实现需要依靠强大的学术和智力资源，特别是需要多元交叉的智库团队作为支撑。美国大学智库在长期的建设过程中，依托大学母体的智力资源，注重有效发挥"旋转门"的制度优势，在组建多元交叉的智库研究团队进而产出高质量政策思想和形成合理化政策方案领域积累了丰富经验。

"旋转门"一般被视为美国大学智库最具特色的一种现象，"卸任的官员很多会到思想库从事政策研究；而思想库的研究者很多到政府担任要职，从研究者变为执政者"❷，这种学者和官员之间的流通就是所谓的"旋转门"。发达国家大学智库在建设实践中，将上述"旋转门"的适用范围进行了拓展，形成了"外部旋转门"和"内部旋转门"两种更能适应和满足大学智库建设需要的人员流转机制，

---

❶ The Woodrow Wilson School of Public and International Affairs. Mission ［EB/OL］. （2014－05－26）［2019－05－08］. http：//www. princeton. edu/ ~ ppns/mission. html.

❷ 王莉丽. 旋转门——美国思想库研究 ［M］. 北京：国家行政学院出版社，2010：98.

有效地满足了智库的人才需求。

政府官员和大学学者之间的角色轮换是几乎所有大学智库都普遍存在的现象。官员与学者的角色交叉强化了智库研究者的适任度，在这种机制下，"智库内知名专家越来越多地应邀进入政府担任要职。同时，越来越多的下野官员回到智库继续从事研究。这种'旋转门'机制的良性循环，对智库的发展、对政府尽可能正确地决策都起到积极作用"❶。除了学者与官员的职务交流和角色转换外，威尔逊学院还将社会上各行业、领域的专家学者与实务人才都纳入智库的人才"旋转门"机制之中，大大丰富了智库团队的人员构成，进一步强化了研究团队的多元特征。值得注意的是，威尔逊学院在吸纳此类人才时所采取的方式是非常灵活的，包括短期聘任、访问学者、博士后等，而且学院赋予各研究所很大的用人权，各研究所可以根据研究项目需要自主开展招聘工作。灵活的聘任机制以及广泛的人才来源是美国大学智库的普遍特征。多元化的人才队伍为学院产出高质量的智库产品奠定了坚实基础。

威尔逊学院在智库建设过程中充分认识到大学母体的学科优势与人才资源带来的支撑作用，因此积极从全校范围延揽人才，利用"内部旋转门"的制度优势为学院有效发挥智库职能提供帮助。这实际上也是美国众多大学智库的普遍做法。目前威尔逊学院共有 85 名全职教师，他们中的绝大多数都兼具威尔逊学院和其他院系的双重身份❷，其中以兼具政治学系和经济学系身份的教师居多，这也符合

---

❶ 赖先进．国际智库发展模式［M］．北京：中共中央党校出版社，2017：121 - 122．

❷ Woodrow Wilson School of Public and International Affairs. The advantages of a WWS education［EB/OL］．（2018 - 04 - 27）［2019 - 05 - 08］．http：//wws. princeton. edu/about - wws/our - advantages.

威尔逊学院的学术专长和专注领域。从实际效果看，双重身份的人事结构不仅不会对学院正常的工作造成负面影响，反而在很大程度上凸显出学院人才队伍的学科交叉性和学术多元性，同时也与现代智库所强调的团队复合型、多元化特征相吻合。

第二节　对我国新型高校智库建设的启示

一、中国特色新型高校智库的发展现状

大学智库要以更接近"知识端"的独特优势，引领智库的整体发展，推动中国特色新型智库建设的进程。几年来，我国大学智库出现井喷式发展趋势，主要表现在以下三个方面。

第一，大学智库建设"热"。

自党和国家发出"中国特色新型智库建设"号召之后，大量大学智库如雨后春笋般涌现。中国智库索引（Chinese Think Tank Index，CTTI）是目前国内体量最大的、具有完整知识产权的智库垂直搜索引擎和数据管理平台。2017 年 12 月，"2017 中国智库治理暨思想理论传播高峰论坛"在北京举行，论坛发布了《中国智库索引 CTTI 2017 发展报告》。报告指出目前 CTTI 系统已经收录智库 604 家、专家 9301 名、成果 56008 项、活动数据 11129 项，中国智库索引收录的来源智库中有 254 家是大学智库。❶

---

❶ 中国智库索引. 南大与光明日报共同主办"2017 中国智库治理论坛暨思想理论传播高峰论坛"［EB/OL］.（2017 - 12 - 21）［2019 - 05 - 08］. https：//ctti. nju. edu. cn/CT-TI/newsDetail. do？id＝25.

第二，大学智库研究"热"。

我国学者对智库真正意义上的研究始于2013年习近平总书记对中国特色新型智库建设做出重要批示以后，主要学者有薛澜、丁煌、任晓、朱旭峰、王莉丽等。在中国知网以智库或思想库作为主题检索（截至2018年1月1日），2007年以前每年均不过百篇，2007—2010年研究文章略有增加，但是还是维持在较低水平，直至2013—2017年分别为857篇、1368篇、2503篇、3319篇和3321篇，如图7-2所示。从图7-2中可以看出2016年发表的文章数和2017年发表的文章数基本持平，说明我国智库研究已经进入稳定期。

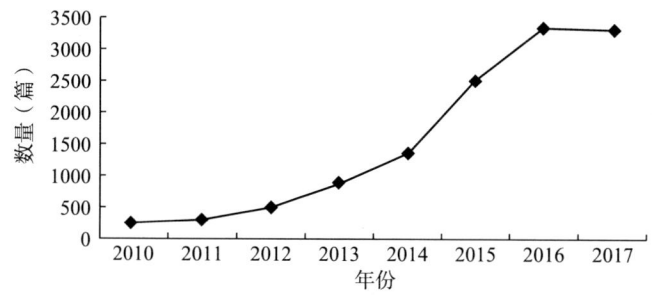

图7-2　2010—2017年中国知网智库类文章数量图
数据来源：根据中国知网相关信息整理。

随着智库研究的深入，大学智库研究逐渐成为智库研究中的重要课题，但是大部分智库研究文章对大学智库只是略有涉及，专门进行大学智库研究的文章寥寥可数。以2017年为例，虽然智库研究类文章势头正旺，但是其中只有约5%的文章是研究大学智库的。早期我国大学智库研究的主体多是介绍国外大学智库的经验，如今我国大学智库研究出现多元化趋势。在中国知网以高校智库或者大学智库为关键词进行高级检索（截至2018年1月1日），共有611条检索结果。2013年以前每年的文献量都不超过20篇，2013—2017

年分别为 25 篇、73 篇、139 篇、187 篇、179 篇，如图 7 - 3 所示。

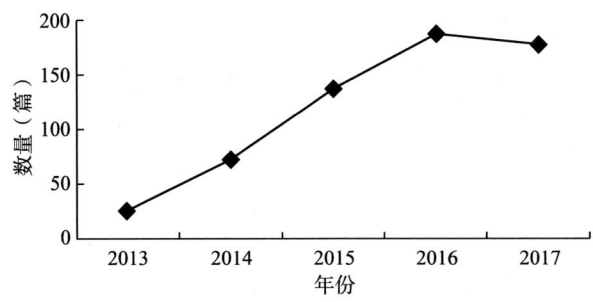

图 7 - 3　2013—2017 年中国知网大学智库类文章数量图
数据来源：根据中国知网相关信息整理。

通过图 7 - 2、7 - 3，可以直观地看出智库和大学智库总体的发文量趋势是相同的，都在 2013—2014 年出现爆发式增长。智库、大学智库研究"热"充分表明，自国家重视智库建设以来，中国特色新型智库建设受到越来越多的学者关注并作为研究方向，可以预料在今后的一段时间内智库研究还会"持续高温"。

第三，大学智库排名"热"。

大学智库排名"热"现象也是我国大学智库发展的重要体现，通过排名可以更好地把握我国智库发展的现状及未来趋势。《全球智库报告》自 2007 年起每年发布一次，由于其客观公正的研究体系及评选过程的广泛参与，至今已成为全球最具影响力的智库排名体系。据《2017 年全球智库报告》显示，2017 年全球共有 7815 家智库，其中，美国拥有 1872 家，智库数量居世界首位，中国拥有智库数量达 512 家，稳居世界第二。❶ 这一定程度上反映出中国智库的良好发展态势。

---

❶ MCGANN J G. 2017 global go to think tank index report［R］. Philadelphia：University of Pennsylvania，2018：6，37.

我国也有专业的智库排名，四川省社科院2014年和2015年均对外发布了国内智库的影响力排名。2015年的报告显示，在综合排名榜单中，中国社科院、北京大学、清华大学位列前三。在中国智库的多个影响力排名前三中均有大学智库的身影。据此，四川省社科院表示，智库影响力集中于高校。❶

另外，2017年上海社会科学院智库研究中心发布了《2016年中国智库报告》。报告就中国智库的多重影响力进行评价与排名。其中，北京大学国家发展研究院在大学智库的系统影响力排名中位列第一。值得关注的是该报告以高校的初衷是教书育人、不可能大规模地转向决策咨询服务为由，明确指出大学智库不再作为整体参评，只以二级机构参与智库影响力的排名。但是作者认为大学智库是中国智库体系中不可或缺的主体，甚至发挥着中流砥柱的作用，大学智库建设同样也是大学发展的一部分，建设大学智库不但不会影响大学的根本属性，相反，大学智库有利于大学优势学科的发展。

此外，2017年末中国社会科学评价研究院在北京发布《中国智库综合评价 AMI 研究报告（2017）》，该报告从吸引力、管理力、影响力三方面对国内智库进行综合分析与评价，填补了中国智库权威评价指标体系的空白。报告还对综合性智库、专业性智库、企业智库和社会智库四大类分别进行了评价研究，大学智库也包括在内。

二、中国特色新型高校智库建设的困境

虽然，大学智库建设热度不减，但是存在良莠不齐的问题，很

---

❶　网易财经. 国内智库影响力排名：中国社科院、北大、清华居前三［EB/OL］. (2016－11－14)［2019－05－08］. http：//money. 163. com/16/1114/11/C5R1AJ57002580 S6. html.

多大学并没有明确智库的功能与定位，盲目建设，呈现出大学智库角色定位不清、与科研基地混同，甚至还出现了"虚体智库"的现象。针对这一系列问题，要防止智库研究内容的粗制滥造，必须清楚地认识到中国特色新型高校智库建设面临的问题。

（一）独立性不足

美国大学智库之所以能够在世界平台发挥巨大影响力，关键在于大学智库的独立性。首先，就大学智库的组织模式而言，我国的大学智库目前还未能完全"断奶"，大学智库主要依靠政府扶持，这也是我国大学智库缺乏活力的原因之一。有学者通过对我国"985"院校研究型大学智库的统计分析，将我国大学智库的组织模式分为三种。①高校自主模式：指主动回应国家和社会的需求而自主设立的大学智库，这类智库在中国大学智库中约占32%。②官学研合作模式：指通过官学研合作培育起来的新型大学智库，这是当前中国大学智库形成的主要模式，占比达到63%。③国际合作模式：指研究型大学与国际组织、国外高校合作创建具有智库定位的研究机构，所占比重约为5%。❶ 这三种模式互相补充，构成了我国大学智库的发展整体。由这三种发展模式各自占的比重可以看出我国大学智库主要依靠行政力量主导，严重缺乏组织独立性。

独立的智库运转资金是大学智库独立性的主要表现。然而，目前我国大学智库还不是独立法人型的智库，大学智库财务仍然由学校统一管理，不能单独核算。大部分大学智库的经费主要依靠政府拨款，而且国家对智库的资金使用有着严格的规定，在100万元的

---

❶ 张新培，赵文华. 中国研究型大学智库的发展现状研究——基于内容分析和专家访谈的调查［J］. 高校教育管理，2017（4）：91－96.

固定经费中，只有30%～40%可以用于支付劳务费，其余只能用于购买设备、固定资产投资、办公场地维修等用途，大学智库并没有太多的自主权，很难提出具有质疑精神的政策建议。大学智库组织和资金的非独立性一定程度上束缚了智库研究成果的独立性，限制了智库功能的发挥。

（二）国际话语权不强

我国大学智库大多以国内政策研究为中心，对国际交流合作等问题讨论较少，没有充分发挥大学智库"二轨外交"的角色。例如在推进"一带一路"建设中，大学智库在促进"一带一路"建设理念传播、对沿线国家的微观研究、话语体系建设、利用智库合作联盟的交流平台等方面做的还不够。造成我国大学智库陷入缺少国际话语权困境的原因是我国大学智库尚未形成自己的知识体系，总是用西方的知识体系来解释中国现象，这样的文化侵蚀容易陷入淡化对中国传统文化认同感的困境。知识体系的缺失使得中国的国际"软空间"非常狭小，和中国所拥有的"硬实力"（如经济力量）毫不相称。❶自改革开放以来，中国的开放已经从低层次向较高层次发展，努力形成全面开放的新格局。同时，世界各国迫切希望加深对中国经验、中国模式的了解。因此，大学智库必须建立起自己的知识体系，加强在世界范围内意识形态的宣传，提升中国的国际话语权。

（三）研究成果管理机制不完善

大学智库最重要的影响力在于智库研究成果的影响力，大学智

---

❶　郑永年. 内部多元主义与新型智库建设［M］. 北京：东方出版，2016：4.

库研究成果的问题主要反映在以下几个方面：首先，研究成果转化程序烦琐。我国大学智库大多过分依赖政府，外加我国特殊而严密的政策制定程序，一项政策往往要经过重重考验才能最终落实。所以，要建立真正发挥实效的大学智库，必须要加快智库研究成果的落实。我国大学智库在理论和实践中均能研究出具有价值的成果，但是目前还缺乏一种机制使这些研究成果转化为国家政策。其次，研究成果缺乏实用性。大学智库与其他类型的智库相比科研能力突出，但是这一优势也容易产生大学智库的研究成果不接地气的问题。目前，我国很多大学智库的研究普遍存在泛泛而谈的现象，缺乏实践性，很多智库研究成果仅仅停留在纸面上，不能产生社会效益。最后，研究成果推广机制不健全。随着我国舆论环境的不断开放，人人都有表达个人看法的权利。而我国大学智库在这一方面还没有学会如何利用媒体宣传来推销研究成果，这也是我国大学智库下一阶段需要改进的发展方向。

（四）人员管理制度不合理

大学智库隶属于大学，借助大学的人才和学术资源优势促进自身发展，但是大学智库在内部管理体制上也不可避免地受大学影响颇深。首先，人事制度不合理。我国大学智库大都采用公开招聘的方式吸纳人才，专职研究人员大多是事业编制，也就是人们常说的"铁饭碗"。在这种人事制度下，研究人员缺乏竞争意识，容易安于现状，不利于建成高水平的大学智库。其次，大学智库的核心研究人员多是承担教学的学校教授，研究人员除了要从事政策研究之外还要面对繁重的教学任务，往往分身乏术。最后，人事管理缺乏独立性。我国大学智库不同于西方的大学智库能够独立于政府体系之外，我国的大学智库没有独立的法人地位，也没有独立的人事任免权力。

（五）高校间智库发展不平衡

当前，我国大学智库建设正在如火如荼地进行中，重点建设一批具有国际影响力的一流智库是我国大学智库的发展目标。目前已经建成的国内比较有影响力的大学智库有北京大学国家发展研究院、清华大学国情研究院和清华大学当代国际关系研究院等。而普通院校的智库很难在竞争激烈的智库热潮中脱颖而出。首先，在国家经费投入方面，我国大学智库经费投入陷入了"绝大部分经费集中于少量大学智库机构"的"马太效应"之中。其次，在科研项目的审批上，我国大学智库也存在同样的问题，重点大学的智库优势突出，而一些普通大学的智库在申报项目时屡屡碰壁。这种大学智库间的不公正和不公平必然导致科研主体创新动力缺乏，制约大学智库的长远发展。

三、中国特色新型高校智库的建设路径

中国特色新型高校智库建设的关键在于核心竞争力的建设。中国大学智库要想谋求长远、可持续的发展，必须形成中国大学智库的核心竞争力，明确智库定位，进行战略规划，逐步在特定的专业领域彰显自身的特色，提升中国大学智库的综合实力。形成中国特色新型高校智库核心竞争力应该从以下几个方面入手。

（一）保障相对独立性，转变经费管理方式

大学智库的研究成果必须是智库人员在不受外界影响下，从自

身专业角度出发做出的相对客观的政策分析和判断。美国崇尚个人主义、实用主义和不信任政府的政治文化，为美国大学智库的发展提供了充分的发展空间。我国的国情决定了我国大学智库和美国大学智库不同的成长道路，我国大学智库无疑是站在中国政府的立场上，拥护中国共产党的领导。大学智库在"想国家之所想，急国家之所急"的同时，也要有了解政府内部运作状况、要求政府公开数据、向政府提出政策建议的权利。在建立中国特色新型智库的大趋势下，大学智库应该加大国家治理能力和现代化建设的研究力度。在大学智库的内部组织管理上，应该"去行政化"，推广理事会制度，在管理与运行方面应逐步趋向于公司治理模式，推动智库结构向扁平化发展，建立精简高效的行政管理团队，对研究课题引用项目管理模式进行管理。同时注重培养大学智库内"百家争鸣""敢想敢说"的学术氛围和研究人员敢于说真话、说实话的研究态度，尽可能地规避影响思想独立的因素。成立于 2000 年的清华大学国情研究院是我国著名的大学智库，目前已经建立了完备的理事会制度。清华大学国情研究院的组织架构是理事会领导下的院长负责制，理事会负责机构重大事务的决策和协调，院长负责机构的日常管理。院长由清华大学聘任，副院长由院长提名提交理事会通过后，由清华大学国情研究院聘任。另外，清华大学国情研究院还成立了学术委员会，主要负责关于学术目标、任务、方向及社会服务等方面的工作。[1]

另外，单一的资金来源严重制约了我国大学智库的发展，资金管理的单一化导致研究人员缺乏积极性，影响研究成果的质量。大

---

[1] 清华大学国情研究院. 清华大学国情研究院组织架构［EB/OL］.（2017 - 12 - 01）［2019 - 05 - 08］. http://www.iccs.tsinghua.edu.cn/AboutSt/zzkj.html.

学智库应该建立起多元化的筹资渠道，借鉴美国的减税、免税政策，鼓励企业、社会对大学智库捐款，激发资金活力。值得欣慰的是，近年来我国大学校友、私人企业和其他团体机构赞助支持大学智库发展渐成风尚，企业捐赠大学智库的积极性越来越高。中国人民大学重阳金融研究院，运转资金就全部来自社会捐赠❶，这一突破证明了我国大学智库资金独立的可行性，另一方面也体现了企业的社会责任感。

（二）树立全球意识，争取国际话语权

在日益激烈的国际竞争下，大学智库应该树立全球意识和国际视野，以更加积极的态度研究国际问题，进一步扩大研究人员参与公共政策研究的范围，打破西方大学智库的国际垄断，敢于研究或评价他国，善于提出中国方案，为解决国际问题贡献中国智慧。另外，要注重培养和吸纳国际化人才，为大学智库国际化研究注入新鲜血液，培养研究国际问题的学者。大学智库拥有学术资源优势，彰显文化软实力，能帮助我国在国际上树立政治公信力，进而争取更多的国际话语权。所谓国际话语权，就是在国际上拥有讲话的资格。随着全球化时代的到来，国与国之间的经济、文化、政治交流越来越密切，只有拥有国际话语权才能获得国际社会的普遍认同，引导国际舆论。中国的和平崛起引来了外部世界的一些苛刻的非议甚至严重偏见，中国必须彰显大国风范，提高国际影响力，回应外部世界的质疑与挑战，推动国际交流与合作，推动中华文化和当代中国价值观走向世界。

---

❶ 人大重阳网. 人大重阳再获高额捐赠，项目由外交部前副部长领衔［EB/OL］. (2017 – 03 – 09)［2019 – 05 – 08］. http：//www. rdcy. org/displaynews. php？ id＝31019.

（三）提高研究成果质量，完善成果的传播与转化机制

公共政策涉及国家的每一位公民，更是一国治理的重要手段。由于政策制定的复杂性，仅仅依靠政府内部难以满足时势之需，所以大学智库成为促进决策科学化的有效渠道。提高研究成果质量要从以下几个方面入手。

其一，坚持面向现实的政策研究，实现理论与实践的互联互通。敏锐捕捉公共政策需求与客观分析自身学术基础，是大学建设智库必须考虑的两个关键要素，甚至可以称为决定一所高校可否兴建智库的"充要条件"❶。大学智库要紧紧围绕党和政府关注的重大现实问题和人民群众关心的热点、难点问题，出谋划策。另外，提高大学智库的研究成果质量必须坚持理论与实践的互联互通，不仅要在实践中丰富理论知识，将政策实践概念化，还要做到理论反过来指导实践，提高政策的现实可行性。

其二，提升综合研究能力，开展跨学科、跨领域、跨国研究。日渐复杂的国内外环境，对大学智库研究成果的质量提出了更高的要求，要建成中国特色新型高校智库必须提倡通过跨学科、跨领域、跨国协作提高研究质量，拓宽政策研究视野，切实保障研究成果的优质性。中国大学智库应该主动加强与国外大学智库、官方智库、民间智库的学术交流，立足多学科整合学术资源，构建深度融合的跨学科合作机制，最大限度地实现资源共享和优势互补，以开放的姿态推动学术交流合作，以解决宏观性、战略性的复杂问题，提升研究成果对政府决策的影响力。目前我国已经存在跨国型大学智库

---

❶ 田山俊，何振海．一流大学"智库群"的崛起——哈佛大学的智库建设路径及其借鉴［J］．教育研究，2016（4）：140－145.

清华-布鲁金斯公共政策研究中心，它是由清华大学和布鲁金斯学会联合创办，其在加强中美国际对话与合作中发挥重要作用。清华大学当代国际关系研究院致力于在政策咨询、理论创新和人才培养三个方面为中国崛起做贡献。国际关系研究院每年组织多种多样的学术活动，目前已经连续举办6届"世界和平论坛"、10届"政治学与国际关系学术共同体年会"、17届"清华国际关系论坛"❶，为世界各国政策制定者和专家提供了一个讨论国际问题的平台。

曾任胡佛研究所所长的坎贝尔说过：除了书籍以外，另一途径就是让这些主张通过报纸及时传递到大众手中。❷我国大学智库在引导社会舆论导向方面做得还不够，在产品的宣传推广上缺乏主动性和积极性，大多沉醉于"象牙塔"，具有封闭性。大学智库要注重通过媒体、报纸、期刊，或者举办学术会议等形式推广研究成果，使大学智库由单一服务于政府走向社会大众。媒体渠道密切了大学智库与公众的互动，通过引导社会舆论施加政策影响，极大地发挥了大学智库的社会价值。

大学智库的研究成果从提出到转化为具体政策，是一个复杂的过程，涉及多个环节，任何一个环节出了问题，这项研究成果必将功亏一篑。所以，要建立真正发挥实效的大学智库，必须要各方协同运作，加快大学智库研究成果的落实。在研究成果产生的过程中，大学智库是供应方，政府是需求方，可以尝试建立专门的智库成果推广机构，发挥桥梁和纽带作用，形成研究成果的供应链。

---

❶　清华大学国际关系研究院. 清华大学国际关系研究院介绍［EB/OL］.（2017-12-01）［2019-05-08］. http：//www. imir. tsinghua. edu. cn/publish/iis/7217/index. html.

❷　黄忠敬. 美国教育的"智库"及其影响力［J］. 教育理论与实践，2009（5）：20-23.

（四）建立科学的人员激励机制，推进制度化建设

大学智库拥有人才资源密集的优势，优秀的人才是建设高水平大学智库的必要条件。大学智库建设是中国特色智库建设的重要主体，高校汇聚了80%的社科力量，人员规模近50万人，拥有60%的"国家千人计划"入选者、50%的两院院士，以及庞大的研究生队伍，这对于智库建设来说是无可比拟的优势❶，也说明大学智库建设大有可为。大学智库必须通过吸引、培养、保持高素质的研究团队，提升大学智库的综合研究能力。目前，中国大学智库的研究人员大多属于事业单位编制，缺乏良性竞争，所以，必须要建立科学的人员激励机制。打造多元的、高水平的专家团队，建立科学的人员激励机制，应该从学术激励、物质激励和政治激励三个方面入手。学术激励表现在学校内部学术资源对研究人员的吸引力。大学智库研究人员有其专业的研究领域，所以应该吸引多学科的高端人才加入，特别是一些研究领域的学术带头人，通过学术带头人的专业权威，提升大学智库的竞争力和影响力，建设综合型的学术研究团队。物质激励表现在通过调整薪资水平来吸引国内外的优秀人才投入大学智库工作中来。政治激励表现在促进大学智库与政府部门的人员流动，让大学智库成为政府的"人才储备池"。当然，在当前的中国政治体制下，大学智库与政府间的"旋转门"并不能像美国一样得心应手，但是我国也可以建立适合我国国情的"中国旋转门"机制，例如鼓励官员到大学智库担任兼职研究员，或者用挂职、借调等途径加强学界与政界的对话。对研究人员进行多方位激励的同时，也

---

❶ 郑永年. 内部多元主义与新型智库建设［M］. 北京：东方出版社，2016：181.

要建立相应的科研评价、绩效考核等机制，促进大学智库内的良性竞争。

目前，我国大学智库一般挂靠于大学的二级学院，大多在权威专家的个人倡导下成立，在大学智库的成立到实际运转中权威专家的个人影响力都发挥着主要作用，因此，长期存在"人存政举，人亡政息"的问题。所以，提升中国大学智库的影响力，还需要从"个人驱动"走向"制度驱动"❶。中国大学智库发展目前处于起步阶段，离不开严明的内部制度支撑。大学智库应该在岗位职权、内部人员晋升、资金管理、宣传推广等方面，形成明确的制度规范，提高研究人员的工作效率，促进大学智库朝向规范化、有序化发展。

（五）保障大学智库协调发展，促进大学母体"双一流"建设

大学智库的研究往往围绕科研项目展开，而且大多是在政府的引导下开展，缺乏公开化市场化的机制，容易造成对"985""211"院校智库的政策倾斜。由于大学智库资源和机会的非均等化，造成我国大学智库发展的不均衡，加剧了大学智库发展的"马太效应"。这种不均衡是大学发展不均衡的必然结果，大学的综合实力并不代表其智库的学术能力，大学智库发展的源动力在于智库研究成果的质量。在教育资源的优化整合上，国家相关部门必须坚持既要促进资源有效发挥作用也要兼顾公平，逐步建立起市场机制，公开各类研究项目，提倡大学智库间公平竞争，整合学术资源，着眼我国大学智库的整体发展状况，缓解各自为政的局面，给普通大学的智库更多的关注。这不仅有利于保障处于弱势地位大学智库的基本权益，

---

❶ 赵可金. 美国智库运作机制及其对中国智库的借鉴 ［J］. 当代世界，2014（5）：31－35.

更是促进教育资源可持续发展的必由之路。

"双一流"建设是当代大学发展的新起点，也是时代对大学的新要求，一流智库是"双一流"建设的题中应有之意。大学不仅是知识生产的摇篮，也是知识进一步转化的重要主体。在建设中国特色新型高校智库的工作中，大学智库要责无旁贷地发挥学科与人才优势，开展前瞻性研究，推动大学母体"双一流"建设。

论美国智库资金筹集与管理之道及其启示*

智库（Think Tank）亦称"思想库""脑库""智囊团"等，最早特指美国在二战期间用来讨论作战计划和军事策略的秘密场所，其后泛指"任何以政策研究为己任，并对公共政策和舆论产生重大影响的专门研究机构"❶。智库的产生和发展，极大地推动了公共决策的科学化和民主化，尤其是在以思想文化、价值观念为核心的"软实力"逐渐成为国家竞争新焦点的时代，智库建设更是受到了前所未有的重视。《2015 年全球智库报告》显示，我国的智库总数为435 家，仅次于美国，但是在全球排名前 175 的顶尖智库中，我国却只有 9 家入选，约为美国的三分之一，且位列英国、德国之后。可见，虽然经过近些年的发展，我国智库在数量上显著增加，但质量却仍不容乐观，提升智库的研究水平和影响力已成为当前我国智库建设的重中之重。智库作为人才和资本密集的非营利组织，充足和稳定的资金，可以说是其生存和发展的根本。然而，目前我国智库

　＊　本文原载于《高教探索》2017 年第 7 期，作者：田山俊。

　❶　谷贤林. 智库如何影响教育政策的制定——以美国"教育政策研究中心"为例［J］. 比较教育研究，2013（4）：38 – 42.

在资金方面尚存在诸多问题，如使用上的捉襟见肘、筹集上的来源单一、管理上的僵化失当等，影响了智库研究的整体质量。为此，本文以资金的筹集与管理为切入点，探寻美国智库的治理良方，以为我国智库的发展注入新的活力。

一、资金保障：美国智库高质量运行之不二法门

智库作为致力于为政府决策提供咨询与建议的研究机构，对社会和经济发展都发挥着至关重要的作用，而今更是被视为国家软实力的象征，其价值已经得到了世界各国的普遍认可。就目前发展情况而言，美国智库无论是在历史积淀上，还是在数量和质量上，都具有他国无可比拟的优势，堪称智库发展的典范。智库可以说是现代社会的产物，它最早发端于 20 世纪 20 年代前后的美国，如 1910 年成立的卡内基和平基金会，1916 年成立的布鲁金斯学会以及 1918 年成立的胡佛研究所等都是美国早期的智库典范，正是随着这些老牌智库辐射影响的扩大，智库才逐渐进入世界各国的视野。《2015 年全球智库报告》显示，截至 2015 年，全球共有智库 6846 家，可见，智库已在全球范围内得到普及。尽管如此，美国智库的发展水平仍然稳居领先地位。从数量上看，美国以 1835 家智库位列榜首，占全球智库总数的 26.8%，远远多于位居第二的我国；从质量上看，排名前 10 的顶尖智库中，也有 6 家属于美国，其中布鲁金斯学会更是连续 10 年获得冠军的殊荣，而在全球排名前 175 的优质智库中，美国也占去了 24 个席位。这说明美国智库不仅量多，而且质优。另外，美国智库还深刻影响着政府决策，切实充当了政府"外脑"的角色，极大地推动了政府决策的科学化和民主化，尤其是在首都华盛顿，毫不夸张地说，政策类智库与政府的影响力基本不相上下。

因此，美国智库当之无愧地成为"世界上最具活力，最令人信赖，也是发展最完善的一个智库体系"❶。

那么，美国智库缘何取得如此不俗的成绩，成为全球智库之翘楚呢？当今最具影响力的智库——布鲁金斯学会提出了三大信条，即质量、独立性和影响力，并日益被其他智库视为自身建设的核心价值标准。但细加分析便可发现，上述三方面内容更多是智库发展的目标，或者说是理想结果，而若想实现这些，追赶美国顶尖智库的脚步，还必须明晰达致目标的具体路径。通过分析，本文认为妥善而高效的资金运作为美国智库发展提供了源源不断的动力，在很大程度上决定其质量、独立性和影响力。首先，充足的资金储备，能够为研究开展奠定坚实的基础。虽然社会科学研究与自然科学研究相比，并不需要太多先进的、大型的设备，但也不是凭空造就的，既要基于大规模的实地调查，也要诉诸专家们反复的论证思考，而这些无一不需要资金支持。比如，美国著名的《普林斯顿报告》就是用重金打造的高质量研究成果，智库为此"投入了几百万美元，在世界各地举行了上百次研讨会，学者们在全球开展研究调研"❷。这样的高投入无疑为研究者解决了后顾之忧，他们在制定研究方案时不必过多纠结于成本控制，无须为了节约成本而简化研究程序，牺牲研究的科学性，由此产出的成果自然具有质量保障。其次，强大的资金筹集能力，可以为提升智库独立性创造条件。智库从整体上看还是一个非营利机构，其产品创造的更多是间接价值，为智库带来的直接收入与其投入的人力、物力成本相比可谓不值一提，这

❶　奥尔森. 美国智库的发展或可供中国借鉴［J］. 开放导报，2014（4）：17－23.
❷　王莉丽. 智力资本：中国智库核心竞争力［M］. 北京：中国人民大学出版社，2015：170.

也就使得智库对于外部资金具有较强的依赖性，很容易陷入"有奶便是娘"的被动局面。而若想走出这一困局，在研究者和投资者，尤其是与政府之间保持足够的张力，使智库尽可能保持客观和中立的立场，提升其公信力，就必须具有较强的资金筹集能力，从多个渠道获取资金，拓宽智库的生存空间。最后，坚实的资金后盾，有利于智库影响力的扩大。诚然，决定智库影响力最根本的因素是其研究成果的质量，尤其是现实意义，但对于质量的识别与认同显然需要一段时间，与之相比，智库的成果宣传机制显然发挥着更为直接的作用，而这些宣传平台的打造和运营也都少不了资金的供给。另外，由于资金便于计算和衡量，也常被视为智库实力的主要指标，因此，资金占有量大的智库也往往更被人们熟知和推崇。曾有研究者指出，"影响美国智库媒介曝光率的一个重要因素就是资金，美国影响力排名前五位的智库运营资本都不少于 1000 万美元"❶。这就很好地说明了智库影响力与资金持有量的关系。

通过上述分析可知，美国智库之所以能够在数量和质量上遥遥领先，对于社会经济、政治等重大问题做出前瞻性和全局性的考虑，进而影响政府决策和舆论导向，促进美国社会的良性发展，不仅与其悠久的发展历史有关，更同其强调质量、坚守中立和关注影响的价值观念密不可分，而这三个核心价值的背后又都有一个共同的基础，即雄厚和多元的资金。因此，资金确实是美国智库发展的关键，它为高质量研究的产出奠定了基础，为智库独立性的保证提供了底气，同时也是衡量智库影响的重要指标。美国智库能够成为全球智库之翘楚在很大程度上正是得益于其坚实的资金基础和高效的管理

---

❶ 王莉丽. 旋转门——美国智库研究［M］. 北京：国家行政学院出版社，2010：139.

机制，良好的资金运作无疑是美国智库高质量运行的不二法门。

二、美国智库资金筹集和管理的主要特征

资金是智库运行的燃料，是其赖以生存的根本，强大的筹款能力以及完善的资金管理制度为美国智库迅速发展和良性运行提供了沃土。纵观美国智库的资金运行情况，不难发现其资金来源渠道广泛且具有选择性；在资金管理方面，强调资金使用的公开透明和高效性；另外，还有优惠的税收政策等帮助智库减轻负担，吸引投资等。这些特征既保证了智库运行资金的充足，同时也能使智库保持高度的独立性，有利于智库研究质量的保障和可持续发展。对其进行详细探讨，可以帮助我们进一步明晰美国智库高水平运行的原因和有益经验。

（一）多渠道的资金来源

与其他各国智库相比，美国智库拥有的资金非常充足。《2015年全球智库报告》显示，"排名10的美国智库，其年度运营经费均在3000万美元以上"❶。这些资金的来源丰富多样，既包括来自外部的政府拨款，基金会、企业和个人的投资与捐赠，还包括来自内部的智库创收等。不同类型的来源在资助对象和使用特点上各有侧重，政府拨款更多指向官方智库和半官方智库。所谓官方智库是指直接隶属于政府部门并为其服务的智库研究机构；而半官方智库则指与政府部门虽无直接隶属关系，但较多依赖政府资金，并为之服务的智库研究机构。政府与智库的合作主要是以合同为中介进行的，即

---

❶　杨思洛，冯雅，韩雷. 中美顶尖智库比较分析及其启示［J］. 智库理论与实践，2016（3）：15 – 24.

智库与政府签订相应的研究合同，以咨询服务换取酬金，著名的兰德公司就是这类智库的代表。根据 2007 年的客户类型比例统计可知，美国政府的投资占 33%，州及地方政府占 11%，共计 44%。可见，政府的支持对兰德公司发展的重要意义。政府的拨款虽然稳定，但是由于大多采取合同制，往往会限制智库的研究方向，且在投资的对象上有所要求，因此，很多智库并不倾向于过多依赖政府的支持。在美国，最为主要的资金来源还是各大基金会的投资和捐赠。"据 2000 年版美国《基金会年鉴》提供的数据，2000 年资产在 300 万美元以上，年捐款在 20 万美元以上的基金会共有 10492 家，而这还不到当时美国基金会总数的 1/4。这些基金会控制着多达 3000 亿美元的资产。"❶ 这为美国智库提供了充足而稳定的资金支持。资金会投资主要依据的是智库本身的影响力，美国顶尖智库往往能够从基金会中获得大量资金，虽然基金会对于智库的研究也有一定要求，但是相比政府而言，其对智库的限制还是比较小的，在保持智库研究独立性方面具有明显优势。斯坦福大学胡佛研究所创办人、曾任美国总统的胡佛曾明确表示，"私人基金会可能很好地显示了政治动机的无涉……因为他们不被联邦政府所控制"❷。基金会对智库的投资主要是在二战之后获得了迅猛增长。"据统计，在战后的 12 年中，仅福特基金会就为哈佛大学提供了近 1400 万美元，为芝加哥大学提供了近 1000 万美元，为斯坦福大学提供了近 100 万美元。"❸ 而像卡托研究所这样完全不接受政府拨款的智库研究机构，基金会投资更

---

❶ 王莉丽. 旋转门——美国智库研究 [M]. 北京：国家行政学院出版社，2010：140.

❷ 洛温. 创建冷战大学——斯坦福大学的转型研究 [M]. 叶赋桂，罗燕，译. 北京：清华大学出版社，2007：242.

❸ 同❷239.

是其生存的命脉。除了基金会的大额投资以外，个人捐赠也是智库资金的来源之一，比如，在布鲁金斯学会 2011 年的收入来源中，个人捐赠占 11%，虽然与基金会和公司的投资相去甚远，但仍然是智库发展不可或缺的资金渠道，在促进智库发展方面具有独特的价值，因为这些"小额捐款者将更能保证基金会未来收入的可持续性和稳定性"❶。最后，就是智库自身的创收，包括组织会议、发行出版物以及售卖研究成果等，高校智库还有一部分收入来自学生的学费。当然，智库作为非营利组织，这部分收入微乎其微，甚至还没有个人捐赠的数额多。在一些顶尖智库中，除了本国的投资以外，还可以看到来自海外的支持，在各大智库的年度报告中列出的资助机构和个人的名单当中，总会提及外国政府的名称。"2014 年纽约时报的一份报告显示，近年来，美国十余家智库接受了外国政府数千万美元，推动美国政府官员采纳反映其利益的政策。"❷

从资金的构成来看，各个智库之间也存在较大差异，有些智库对于某一资金来源渠道的依赖性较强。比如布鲁金斯学会在 2013 年共筹得资金 9785 万美元，其中拨款和合同、捐赠占 82.0%，业务投资回报占 13.3%，基金及其他收入占 2.9%，出版物收入占 1.8%。❸还有的智库资金来源多元而相对均衡，同样以 2013 年智库收入为例，美国外交关系委员会共筹得资金 5596.23 万美元，其中年度捐献占 14.4%，企业会员及相关收入占 15.2%，捐款和赠款为 17.5%，出版社收入占 14.3%，当期投资回报占 24.8%，租金收入

---

❶ 李轶海，主编. 国际著名智库研究 [M]. 上海：上海社会科学院出版社，2010：69.

❷ LIPTON E，BROOKE W，CONFESSORE N. Foreign powers buy influence at think tanks [J]. The New York Times，2014 (12)：6.

❸ 刘昌乾. 世界一流智库如何保证研究的独立性——基于美国布鲁金斯学会的研究 [J]. 中国高教研究，2014 (9)：66–70.

占 3.6%。● 另外，值得一提的是，对于这些来源多样的资金，美国智库也并非照单全收，而是具有条件性和选择性。美国智库在与投资方建立合作关系时，一般都会说明附加条款，表示不接受限制研究自主性的投资，更不会去从事已有确定结论的研究，或者对资助方式提出相应的要求，从制度上割裂资金提供方与项目研究方即智库之间的关系，像"彼得森国际经济研究所就从不接受对具体研究项目的赞助，只接受对研究所整体研究的赞助"●。还有些智库要求研究资金与项目相互分离，以避免资助方的过多干涉。美国智库就是通过这样的投资筛选和要求来维护智库的高质量运行和建设的初衷。

（二）严谨的资金管理

筹集资金只是完成了第一步，如果要使资金发挥其应有价值，还要建立合理的资金管理和使用机制，只有这样智库才能获得可持续发展。美国智库在建设过程中，便在资金管理和使用上下了不少功夫。首先，建立公开透明的财务管理机制和成果发布机制。独立性可以说是美国智库的灵魂，为了能让公众看到其实际运作，发挥社会的监督和淘汰作用，美国智库会将投资单位或个人的名单公布在网站上，论文、会议记录等详细的研究成果也都实现了完全公开，两者结合起来。公众便可以十分清晰地看到智库的研究成果是否中立和客观，有没有受到投资方的左右。

其次，根据研究质量发放余款，并对项目进度进行监控。只有

● 王辉耀，苗绿. 大国智库［M］. 北京：人民出版社，2014：151.

● 安淑新. 加强我国智库内部管理的对策建议研究［J］. 经济研究参考，2012（58）：32 - 44.

高质量的产出才能使智库立于不败之地，为此，美国智库在课题费用拨付上会预留相当一部分款项，等项目评审完成之后再行支付，以确保智库能如期保质地完成项目。在项目进行的过程中相关机构还会对其进度及质量进行测评，比如胡佛研究所便会要求项目组随时对研究进行监测，监测一般在圆桌会议上进行。除了内部的测评以外，美国智库还会要求外部机构进行测评，前者更多是为了督促研究工作的进行，而后者则更加强调监测的客观性。仍以胡佛研究所为例。"始建于1922年的胡佛捐赠务虚会就是专门的外部评估机构，项目组需要在务虚会上将研究成果提交给务虚会成员，而研究成果的有效性直接决定下一个研究项目的确立和研究资金的投入。"❶ 这种将智库的经济利益，包括全额拨款和下一轮的投资等，与产出质量挂钩的方式，经证实确实有效保证了项目的进展和最终质量。

最后，明确预算规划，增强资金使用效率。顶尖的美国智库一般都拥有准确的成本判断力，能够做出清晰而具体的预算规划，这既可以使智库成功地获得资助，还有利于其明确资金的使用方向，提升资金运用的针对性。另外，美国以及国外的著名智库都由专门的财物管理部门对资金进行集中管理和统一调动，以"防止资金过多分流到工资、福利、非生产投资等方面，尽可能把有限资金投放到能够给智库带来最大经济效益的研究项目去"❷。而且，美国智库还十分重视工作人员的智力付出，通过使用经费与契约挂钩的方式，只要达到事先约定的标准，相关经费便可根据需要自由支配，若有

---

❶ 方婷婷. 美国大学智库影响力和运行机制研究——以斯坦福大学胡佛研究所为例[J]. 高校教育管理，2014（4）：37–40.

❷ 孙洪敏. 论中国新型智库管理模式的创新方向[J]. 南京社会科学，2016（2）：8–15.

剩余，也可发放给工作者作为智力补偿，极大调动了智库工作者开展研究的积极性。

（三）鼓励性的政策措施

除了通过保证智库研究的质量，提升其自身影响力之外，一些相关的政策措施也是美国具有强大融资能力的重要原因。从内部来看，智库会出台一些相关的鼓励性措施，以增强捐赠方的出资意愿。比如美国传统基金会会根据捐款的数额给予捐赠者不同等级的优待：捐款 100 美元以上的人可以获赠该基金会定期和不定期出版的刊物和报告；捐款 1000 美元以上的人在此基础上还可以作为传统基金会会员俱乐部的成员参加活动；捐款 1 万美元以上的人每年都能够免费参加一到两次由传统基金会举办的大型宴会招待，期间会有业界名人出席，参会人员不仅可以同他们交流经验，还可以共进晚餐；捐助 10 万美元以上的人则有机会以个人的名字制作牌匾，以示纪念。❶ 从外部来看，相关的税收政策也为美国智库的发展提供了良好的环境，其支持主要表现在两方面。一是通过免税待遇减轻智库的运营负担。美国税法 501（c）款规定，凡是符合"运作完全是为了从事慈善性、教育性、宗教性和科学性的事业，或者是为了达到该税法明文规定的其他目的，净收入不能用于使私人受惠以及其所从事的主要活动不影响立法，也不干预公开选举"这三项要求的组织都可以享受免税待遇。因此，美国的智库在注册成为非营利组织之后，"只需要再成立一个以宣传各种政策为内容的教育组织，就可以

---

❶ 李轶海. 国际著名智库研究［M］. 上海：上海社会科学院智库研究中心，2010：40.

取得非营利机构的法定资格，并在税收制度上获得免税的优惠待遇"❶。二是通过为捐赠机构和个人提供税收优惠鼓励其捐赠行为。

除了上述几个主要特征之外，美国智库的内部人员构成也在潜移默化中增强了其吸金能力。为了加强智库与决策部门之间的联系，美国建立了"旋转门"机制，以实现人才在智库和政府间的岗位流通。每次换届选举之后，都会有政府工作人员到智库去工作，智库的工作人员同时进入政府相关部门。政府人员不仅带来了丰富的实践经验，同时也带来了长期积累的人脉和影响力。美国智库的董事会、咨询委员会等机构也主要由"美国政界、商界、学界的精英组成，而他们有很雄厚的经济实力和人际网络"❷。这些也都为智库的资金筹集提供了得天独厚的便利条件。

三、美国智库资金筹集与管理对我国智库建设的启示

从 19 世纪末到 20 世纪初，美国就一直保持着世界领先大国的位置，当然，铸造美国强国面貌的因素是多种多样的，但无论如何智库的繁荣都是其中不可或缺的一部分。反观我国的智库，虽然数量众多，但真正可以跻身一流的智库却较少，这与我国的大国地位并不相称，尤其是在我国经济、社会进入深化改革的关键时期，智库建设的任务就更显迫切。因此，结合我国智库资金筹集与管理方面的困局，借鉴美国智库先进经验，全面提升智库建设质量势在必行。

---

❶　王辉耀，苗绿. 大国智库［M］. 北京：人民出版社，2014：144.
❷　中国社会科学院. 中国社会科学院 2013 年预算公开信息的说明［EB/OL］.（2015 - 10 - 15）［2019 - 05 - 08］. http：//cass. cssn. cn /cwjj /201308/t20130830 _ 398899. html.

（一）开拓资金筹集渠道

充足的资金积累和多元的筹集途径为美国智库建设提供了坚实的物质基础。相比而言，我国智库在资金筹集方面还存在诸多问题，最为突出的就是资金筹集渠道单一。目前，我国智库的资金来源以政府拨款为主，比如，中国社会科学院"2013 年年度收入预算总计247，237.13 万元，其中中央财政拨款占 67.65%"❶，在其收入中占有绝对主导地位。政府经费虽然数额相对较大，且来源稳定，但也存在固有局限。首先，政府拨款导向性较强，会影响智库研究的中立性，如果过多依赖政府，难免会沦为政府的传声筒，失去智库存在的价值。其次，政府对智库的拨款还具有较大的方向性，即资金更多地流向体制内的官方智库，对于民间智库则不闻不问，致使民间智库面临着严峻的生存危机。最后，单一来源的拨款毕竟力度有限，很难满足智库的发展需要。实际上，虽然智库主要是为政府提供资政服务，但其研究都着眼于社会发展问题，关乎国计民生，理应得到社会和公众的广泛支持，努力争取来自组织和个人的投资和捐赠。2015 年 1 月，中共中央办公厅、国务院办公厅印发的《关于加强中国特色新型智库建设的意见》就明确指出："加大资金投入保障力度。各级政府要研究制定和落实支持智库发展的财政、金融政策，探索建立多元化、多渠道、多层次的投入体系，健全竞争性经费和稳定支持经费相协调的投入机制。根据不同类型智库的性质和特点，研究制定不同的支持办法。落实公益捐赠制度，鼓励企业、

---

❶ 中国社会科学院. 中国社会科学院 2013 年预算公开信息的说明［EB/OL］.（2013－08－30）［2019－05－08］. http：//cass. cssn. cn /cwjj /201308/t20130830_398899. html.

社会组织、个人捐赠资助智库建设。"

美国智库之所以可以从多种渠道筹集到资金，不仅与自身的能力有关，更与美国整体的社会传统密不可分。在美国，有着根深蒂固的"慈善脉搏"，公民也具备较强的公共事务参与意识，他们习惯支持与其价值观念相一致的政策活动，将捐赠视为表达自身政治观点的重要途径。我国的社会捐助体系较薄弱，企业和个人并不具备咨询意识，认为智库建设主要是国家的事情，也不愿意将钱投在没有直接收益的地方。因此，若要拓宽我国智库的资金筹集渠道，除了智库自身要提升质量、扩大影响之外，还要提升社会的政治参与意识和捐赠意愿，在观念上为建设智库多元化资金渠道疏通道路。除此以外，我国智库还可以进一步将视野聚焦在国际市场上。在美国顶尖智库的运营资金中有很大一部分来自各国政府的支持，这不仅能够为智库谋求资金支持，同时还能扩大智库乃至整个国家的国际影响力，可谓一举多得。为此，我国智库也可以选择一些全球性的研究议题，如国际关系、环境治理等，并加强与海外智库和专家的合作、交流，以更好地吸引海外资金。

（二）优化成果推销方式

若想开拓资金筹集渠道，获得社会各界的广泛支持，就需要智库采取市场化的运营方式，通过推广自己的研究成果吸引资金，这在美国已十分普遍。比如兰德公司在选定研究项目之后，便会"以粗线条的方式告诉潜在用户，动员他们来购买研究成果"❶。我国虽然也会进行相应的宣传，但一般都指向政府机构，多为提交简报供

---

❶　安淑新. 加强我国智库内部管理的对策建议研究［J］. 经济研究参考，2012（58）：32－44.

领导审阅，或者是发行一些内部刊物，很少面对社会组织或公众进行宣传，影响范围十分有限，这也是造成我国智库资金筹集乏力的原因之一。若想解决这一困境，跟上国际一流智库发展的脚步，就需要充分利用现代媒体，进一步加强智库研究成果的宣传力度和范围。在这个信息化时代，除了借助于刊物等传统纸质媒体以外，智库还可以创设自己的咨询网站，及时更新选题情况、研究进展、最终成果以及对当前形势和热点问题的分析等相关信息，让公众了解智库的工作内容，进而明晰投资价值。而且，智库还可以通过网站与公众进行互动。比如，美国智库利用 Facebook 和 Twitter 等软件实现与公众的对话，这一方面有利于智库了解来自民间的声音，从而更好地发挥沟通政府与公众的桥梁作用；另一方面还能让公众切实感受到自己的意见得到了重视，公众有了参与感，其积极性自然能够得到提高。智库还可以与大众媒体建立合作关系，利用媒体曝光增加存在感。像美国智库专家就频频从 20 世纪 70 年代以来不断出现在电视和广播节目中。"例如，战略与国际研究中心的专家每个月在电视与电台的出现频率高达 100 次左右，传统基金会则专门设立了两个无线电演播室并开设专门的政治谈话节目在电视台播出。"❶另外，为了将我国智库推向国际，在网站建设方面还可以进行相应的处理，方便国际研究人员和民众的阅读和了解。总而言之，为了扩大智库的影响力和市场竞争力，推销自己是必不可少的关键环节，为此，我国智库应努力建设上达政府、下至社会，内入我国、外通全球的全方位成果宣传网络，让更多的人关注到智库的存在和价值。

---

❶ 王莉丽．全球第一智库：布鲁金斯学会［N］．学习时报，2012 – 12 – 17（6）．

（三）盘活资金使用制度

充足的资金只是为智库高水平运行提供了可能性，若想真正发挥资金的价值，还要诉诸妥善的管理和使用。但就目前而言，我国智库在资金使用方面还相对死板和僵硬，采取的仍然是行政化的管理体制，尚未充分认识到智库工作的特殊性和智力劳动在其中的关键价值。研究经费使用的相关规定十分严格，比如要求将大量经费用于差旅，迫使研究者不得不频频外出调研，而在调研过程中，往往需要向被试发放一定的酬劳或者小礼物，这部分费用又十分缺乏，研究者只能东拼西凑各处找票报销，致使所用非所需。另外，经费须与住宿费一起报销，但有时调研地在接待时就已经安排好了住宿，有时研究者为了方便可能还会借住在当地居民的家中，无法得到报销凭证。针对上述问题，我国智库在资金使用上应更加注重智慧的价值，优化行政管理模式，从"报销"转向"支付"，确立研究质量评估监测机构，允许智库工作者在达到要求的基础上灵活支配经费，同时"建立专家咨询劳务报酬制度，尊重思想的价值，激发创新活力"❶，并依据课题的类型和性质设立相关的配套资金作为业务奖励，以提升智库工作者的积极性。总之，人才是智库质量的关键，智慧的付出虽然不易察觉，但并不比先进的设备次要。因此，我国智库应该打破既有的行政制度，寻求更灵活也更适合智库特点的资金管理与使用方式，以激发智库工作者的积极性，进而为智库的发展增添活力。

---

❶ 王莉丽. 智力资本：中国智库核心竞争力 ［M］. 北京：中国人民大学出版社，2015：170.

（四）完善税收优惠政策

在美国，为了鼓励组织和个人对智库的投资和捐赠，一般会出台相应的税收减免政策，如少征或不征所得税等，这在上文已有论及，但是我国却缺乏专门的优惠政策，在税收上采取"一视同仁"的态度，控制过严。全国政协人口资源环境委员会统计显示："目前中国工商登记注册的企业超过 1000 万家，有过捐赠记录的不足 10 万家，仅占 1%，也就是说 99% 的企业从来没有参加过捐助，其中民营企业的捐赠连其财富的 1% 都占不到。"❶ 若想改变这样的困局，除了理念上的引导之外，还需要在政策上给予实际的优惠。我国当前的税收优惠主要面向民间智库，其中《中华人民共和国企业所得税法》规定，"民办非企业法人型民间智库免征企业所得税，其从事的公益性业务享受税收优惠政策"，但是对于其他类型的智库，以及投资智库的组织和个人的鼓励性政策缺失。为此，我国应进一步完善税收优惠政策，确立一定的标准，对于捐款达到一定数额的捐赠者和运营良好的智库给予适当的税务减免政策，以此来调动企业和个人对智库捐款的积极性，为智库投资营造有利的政策环境。

---

❶ 胡海峰，胡吉亚. 美日德战略性新兴产业融资机制比较分析及对中国的启示[J]. 经济理论与经济管理，2011（8）：62 - 74.

后　记

本书是 2016 年度国家社科基金教育学国家一般课题"美国一流大学智库研究"（BIA160099）的最终研究成果。付梓之际，首先对我们的研究团队致以深厚谢意。

近年来，随着我国政府和社会对智库关注度的不断提高，特别是 2014 年教育部发布了《中国特色新型高校智库建设推进计划》，2015 年中共中央办公厅和国务院办公厅联合印发了《关于加强中国特色新型智库建设的意见》，一系列政策文件的公布，标志着我国智库开始走向高速发展的"快车道"。智库建设特别是大学（高校）智库建设，自然成为国内学术界普遍关注的热点议题之一。在相关政策的驱动下，我国学术界对智库的研究日益深入，推出了大量研究成果，成果的数量和水平都达到了历史新高。

我国大学智库大多数属于年轻智库，在发展过程中尚有很多不足之处，而美国在大学智库建设方面至少走过了 70 余载，产生了众多具有广泛影响力的世界一流大学智库，积累了丰富的经验。因此，从历史和比较的角度，梳理美国大学智库发展历程，客观把握其建设路径和发展经验，对我国大学智库建设是大有裨益的，也能进一步充实和丰富国内学界有关美国大学智库的研究。正是基于这种考虑，我和我的团队在 2016 年以"美国一流大学智库"为主题申报了国家社科基金，并有幸获得批准，由此开始了对这一问题的深入研究。

尽管在课题研究过程中遇到了重重困难，但是在课题组成员的共同努力下，研究工作得以稳步推进，最终顺利完成了这项任务。在 3 年多的时间里，课题组紧紧围绕研究主题，发表了 6 篇系列论文。课题组对所取得的这些成果难言满意，但这种经历对我们团队的每一位成员来说都是难忘的：必将激励我们，在未来的学术道路上砥砺前行。

课题和本书的完成，最要感谢的是和我并肩奋战在科研一线的团队成员们，他们是：王婧茹（河北大学教育学院博士研究生）、陆军（河北大学教育学院硕士研究生）、何振海（河北大学教育学院教授）、刘尚月（河北大学教育学院硕士）、王瑞芳（河北大学教育学院硕士）、温佳灵（内蒙古电力集团有限责任公司，硕士）。陆军、王婧茹、赵鸿瑜（河北工程大学副教授、博士生）、李文文（河北大学教育学院博士研究生）参与了本书附录部分的整理工作。

各章撰写人员情况如下：

第一章：田山俊；第二章：何振海；第三章：田山俊、何振海；第四章：王瑞芳；第五章：刘尚月、王婧茹；第六章：温佳灵；第七章：田山俊、温佳灵；附录部分：田山俊、陆军、王婧茹、赵鸿瑜、李文文。

全书由田山俊统稿，陆军、王婧茹协助做了部分统稿工作。

本书从课题立项到研究推进和书稿撰写，全程都是在贺国庆教授与朱文富教授的关心、支持下进行的；本书的出版还得到河北大学教育学院、河北大学高等教育与区域发展研究中心的资助，知识产权出版社责任编辑安耀东先生为本书的出版付出了诸多辛劳，在此一并表示真挚的感谢！

田山俊

2020 年 3 月